PIÈCES

ET

DOCUMENTS

POUR LES MINEURS

GEORGES ET MAURICE LECLANCHÉ

PREMIÈRE PARTIE

LETTRES

EXTRAITS DE DIVERS BROUILLONS DE LETTRES TROUVÉS
DANS LES PAPIERS DE M. NARCISSE DEVILLENEUVE.

1848. — Mon cher cousin Persac... Tu as bien lu dans mon cœur; je te sais
gré d'avoir vu qu'en effet j'aimais ma nièce avec toute la douce espérance qu'elle
serait toujours pour moi un appui qui me suivrait jusqu'à la fin de mes jours, et
d'avoir une main chère, qui, en me fermant les yeux, conserverait quelque souvenir du bien que je lui avais et aurais fait. Son absence fait dans ma vie un vide
que je sens ne pouvoir réparer jamais. . . . .
. . . . Elle laisse deux petits garçons dont l'un a dix ans, et l'autre à peu
près un an. Le père est inconsolable, et, en souvenir de sa pauvre petite femme,
ma nièce, j'ai pris, auprès de moi, à Neuilly, le plus jeune, qui me fait ainsi,
comme tu vois, *une sorte de paternité.*

1857

1

A M. DE WATRÉ.

Mai 1849. — C'est toujours au moment où je vais me mettre à vous écrire que vous me devancez et me faites gronder par moi-même de mon innocente inertie. Je m'accusais de n'avoir pas répondu en temps opportun aux excellents épanchements de votre bonne amitié, par lesquels vous êtes venu, si à propos, à mon secours, pour me consoler et me raffermir dans les tristes angoisses de regrets que j'ai eues et que j'ai encore à endurer; mais l'abandon et la confiance avec lesquels je me suis livré à vous avec toutes mes douleurs vous a assez exprimé combien mon cœur a compté sur le vôtre. . . . .

. . . . . . Vous me parlez de vos déboires relativement à l'état de vos revenus et de votre fortune, c'est justement un point sur lequel je me trouve encore à l'unisson avec vous. Plus mes besoins, par le temps qui court, se sont accrus, plus mes ressources ont diminué. Les sacrifices auxquels mon cœur s'est laissé aller, tant pour ma chère nièce malade que pour ma chère nièce au tombeau, m'ont réduit à un resserrement que mes débiteurs semblent s'être entendus pour accroître de leur mieux. . . . .

. . . . . . Ajoutez encore. . . . que de célibataire que j'étais, *je me suis accru de droits paternels sur mon dernier petit-neveu, nommé Eugène, qui a un an, et à qui j'ai donné une nourrice de mon choix,* bonne jardinière de mon voisinage. Il me fait partager les plaisirs de père un ou deux jours par semaine. Est-il vrai de dire à sa louange que ce bon petit luron, qui engraisse et grandit à vue d'œil, auprès de moi, est d'une gaieté charmante et ne pleure jamais! Aussi sommes-nous les meilleurs amis du monde. . . . . .

EXTRAIT D'UNE LETTRE ÉCRITE PAR M. NARCISSE DEVILLENEUVE AU NOM DE SA DOMESTIQUE EULALIE.

Juin 1849. — . . . . . . Quant à Monsieur, notre ménage a un peu changé par la perte douloureuse de son unique nièce dont il vous a fait part. . . . . . . Georges est entré dans une pension d'Auteuil et est sous la direction de son père, mais M. Villeneuve, pour continuer son *emprunt de paternité*, a pris sous sa garde son frère *Eugène*, le dernier venu, qui est en nourrice tout près de chez nous. Ainsi vous voyez que *Monsieur est devenu à peu près père,* et moi nourrice en second. Chacun remplit ses fonctions avec plaisir, l'enfant m'aime beaucoup, il est d'un bon caractère, pleure peu, et *le ménage de Monsieur, ainsi monté, le fait presque vivre en famille.*

A M. BLANCHARD, QUI LUI AVAIT ANNONCÉ LA MORT DE SON FILS.

1850. — Je comprends votre chagrin, et y participe d'autant plus que je me trouve aussi moi-même *en ce moment* frappé d'un coup funeste dont le sort vient de m'accabler. Vous aurez reçu sans doute la lettre de part de la mort aussi prématurée de *ma toute chère et unique nièce.* Le malheur que l'on subit soi-même nous apprend à compatir plus vivement à celui des autres. Vous pouvez bien penser combien ma position affligeante me rend sensible à la vôtre.

LETTRES

DE WATRÉ A M. NARCISSE DEVILLENEUVE

25 octobre 1848. — Que ne suis-je à vos côtés! Certes, je n'entreprendrais pas de vous consoler. Pour la perte d'*un enfant*, d'*un* ENFANT UNIQUE — *et madame Eugénie était cela pour vous*, — il n'y a pas de consolation possible... A une aussi grande douleur il vous reste un palliatif; — employez-le.

Ayez près de vous les enfants de celle que vous pleurez; ils ne diminueront pas vos regrets, puisque leur présence seule vous rappellera leur mère; mais vos regrets seront moins douloureux.

5 décembre 1848. — Je tiens à m'acquitter des devoirs de l'amitié en venant vous demander de vos nouvelles et savoir si la première secousse d'une trop cruelle et légitime douleur passée, vous avez enfin retrouvé un peu de calme et *quelques consolations dans la présence et les caresses des enfants de celle que vous avez perdue*. A eux principalement appartient le soin d'adoucir la vivacité de vos regrets. L'amitié ne vient qu'après, quelque profonde et dévouée qu'elle soit.

29 décembre 1849. — Je désire bien que 1850 vous soit plus favorable que ses deux aînés. Puissiez-vous trouver dans vos jeunes neveux une compensation aux pertes que vous avez faites! Sous ce rapport, *vous avez bon espoir*, et je vous en félicite.

LETTRES
DE M. NARCISSE DEVILLENEUVE
A M. LECLANCHÉ ET A SON PETIT-NEVEU GEORGES.

A M. Leclanché.

Dimanche (timbrée du 22 octobre 1848).

Mon cher neveu,

J'ai à ma disposition une nourrice pour votre petit Eugène : elle est justement celle que m'avait indiquée Madame votre mère. Tout annonce qu'elle sera bonne. Si vous agréez mon offre, mandez-le moi tout de suite et dites-moi quel jour prochain il vous sera commode que j'aille avec elle pour prendre mon petit-neveu, et *avoir de vous une petite part de vos droits paternels sur lui.*

Votre oncle tout dévoué,

N. Dev.

A M. Leclanché.

Neuilly, le 7 février 1850.

Mon cher neveu,

Mon petit-neveu, votre fils *Eugène* ou Maurice (1) continue à se développer en enfant très-précoce et très-avancé dans la netteté de la parole, de l'aplomb de ses idées, de ses opinions sur tout ce qui se passe autour de lui. — Son caractère est toujours bon, gai, sans braillerie ordinaire des enfants, et il ne pleure jamais qu'il n'ait vraiment raison. Je le soigne de mon mieux, etc.

A son petit-neveu Georges en pension à Turnham-Green (Angleterre).

Neuilly, le 2 mai 1850.

J'ai été très-content, mon cher petit-neveu, de ta dernière lettre qui m'a mis en communication de tes occupations et de tes études. Au moins je sais ce que tu fais maintenant; j'y participe et ma pensée ne reste pas seule en face de ta personne sans savoir ce qu'elle devient.

Ton petit frère Eugène ou Maurice, dont tu désires des nouvelles se porte toujours bien. Il est très-avancé pour son âge et n'oublie point son bon père ni son bon petit frère Georges, dont il a le parfait souvenir et dont il parle avec cette facilité qui lui est habituelle et peu commune aux enfants de son âge. Aussi m'a-t-il chargé de ses amitiés et de ses bons souvenirs à sa manière que je

(1) M. N. Devilleneuve, après la mort et en souvenir de sa nièce Eugénie, voulut que son petit-neveu, qui s'appelait Maurice, prît le nom d'Eugène.

ne puis te rendre, mais qui étonne tout le monde par la netteté de sa parole à cet âge où des confrères plus âgés que lui ne font encore que balbutier et bredouiller. Il mange bien, il est gai, ne pleure ou ne braille jamais sans motif comme tant d'autres, ce qui est un grand mérite pour moi. Tu me parles de le mettre déjà à la lecture; ce n'est pas qu'il n'aime déjà beaucoup les livres, car il bouscule ceux de ma bibliothèque on ne peut pas mieux; mais je crois que c'est encore un peu trop tôt de le mettre sur la voie de s'en servir.

L'avenir que tu m'annonces de revenir près de nous dans un temps pas trop éloigné ne laisse pas que de me sourire comme tu penses; plus il sera court, meilleur il sera. Mais la perspective que tu me donnes de passer d'Angleterre en Allemagne, puis sans doute dans quelques autres pays encore de l'Europe, me fait naître la crainte qu'en étudiant tant de pays étrangers pendant ta première jeunesse, j'aie à te demander à quel âge tu commenceras à connaître la France, ta patrie. J'ai voyagé un peu et maintenant je suis casanier, mais c'est encore là que je me trouve le mieux. Jeune, c'est l'âge auquel on ne fait pas mal de se caser; pierre qui roule n'amasse pas de mousse, dit le proverbe.

Les sujets que tu m'as donnés dans ta dernière, je les ai, ce me semble épuisés. De quoi te parler maintenant? Ce n'est pas de la politique dont tu ne t'occupes guère et dont tu as bien raison de ne pas t'occuper; car en conscience, elle est si belle que tous les gens d'âge de raison sont diablement rassasiés d'avoir, eux, à s'en occuper.

Sans adieu donc, *mon petit-neveu toujours aimé*, à une autre fois d'autres choses; il ne me reste qu'à t'assurer des bons et tendres embrassements de ta grand'maman, de ton frère Eugène qui compte très-bien sur tes joujoux promis et enfin de ton grand oncle.

N. DEVILLENEUVE.

qui sont tous aux regrets de ton éloignement, sans oublier non plus la bonne Eulalie, qui te remercie beaucoup de ton bon souvenir et partage tous les bons souvenirs qu'on a pour toi.

P. S. Ne manque pas non plus de renouveler à ton père l'assurance pour toujours de la bonne amitié de son oncle qui l'embrasse de grand cœur et désire bien vivement apprendre quelque bienfaisante nouvelle de réussite dans ses projets.

A son petit-neveu Georges.

Août 1850.

(Extrait) ... Je voudrais savoir aussi si tu sors souvent, si tu commences à connaître Londres, quels sont les monuments et les choses remarquables que tu y as vus. Tu rajeunirais le voyage de huit jours que j'ai fait à Londres avec *ta chère petite maman* au 15 d'août 1835, il y aura, le 15 d'août prochain, quinze ans...

A son petit-neveu Georges.

Neuilly, le dimanche 22 juin 1851.

Mon toujours très-cher petit-neveu,

J'ai reçu de tes nouvelles avec un grand plaisir, en voyant que tu te portais bien et que tu étais satisfait de ta position, qui m'a paru te plaire. Je m'accuse d'être resté un peu trop longtemps sans répondre à ton bon souvenir, mais tu sais que mon infirmité d'yeux toujours persistante m'empêche de me livrer à toute application, même petite, en fait d'écriture. Mais enfin il vaut encore mieux tard que jamais, et en fait de choses qui puissent t'être très-agréables, pensant que je puis placer celles qui concernent ton petit frère, je vais commencer par t'en parler.

Tu sais qu'il n'est plus en nourrice et qu'*il est auprès de moi*, où il reçoit les bons soins d'Eulalie. Il grandit en tous sens d'une manière on ne peut plus heureuse. Sa santé est bonne, il est fort, alerte, et se sert de ces qualités pour bien jouer et se trémousser avec ses camarades, qu'une bonne fortune a bien voulu lui donner près de lui. Avancé pour son âge sous les rapports du physique, il ne l'est pas moins sous les rapports de l'intelligence, de la pensée et surtout de l'articulation et de l'élocution dont il est plus doué que tous les autres enfants de son âge. Aussi ne manque-t-il pas d'appliquer toutes ces précoces qualités à se souvenir souvent de toi, je t'assure, de son petit frère qu'il aurait grand plaisir à revoir et qui a eu tant d'attentions pour lui.

Je crois que ton père est en ce moment auprès de toi. Ce doit être un bon moment pour tous les deux, je vous en félicite. QUE NE PUIS-JE FAIRE DE MÊME!

... Ne sois pas aussi paresseux que moi, et donne-moi plus souvent de tes nouvelles, qui me sont toujours agréables. *Crois bien que tu peux toujours compter sur les sentiments que je te porte* COMME L'ONCLE DE TA MÈRE TANT REGRETTÉE et comme ton grand-oncle qui t'aime à toujours.

N. DEVILLENEUVE.

A M. Leclanché.

Je ne puis vous laisser ignorer, mon cher neveu, que *notre tout aimé Eugène* vient d'être pris hier soir, au moment du dîner, d'un dérangement d'estomac qui nous a mis dans le besoin d'appeler M. Putel. La nuit s'est passée en médications qui paraissent avoir eu un bon effet, mais il n'est pas encore tiré d'affaire de manière à vous laisser étranger à ce qui se passe et de vous mettre à même d'y prendre votre part de père.

Votre toujours dévoué oncle,

N. DEVILLENEUVE.

Samedi, 8 novembre, 10 heures du matin.

A son petit-neveu Georges.

21 juin 1852.

Ce n'est pas mon éloignement de toi, mon cher petit-neveu, qui m'empêche de correspondre plus activement avec toi que je ne le fais; car ce n'est pas faute de penser à toi, de m'en informer, que je me trouve un peu en arrière de te le témoigner plus souvent. *Les heureuses communications que j'entretiens avec ton père,* LA PRÉSENCE PRÈS DE MOI *de ton bon petit frère* qui se souvient toujours de toi et m'exprime si souvent le désir de te revoir, me font comprendre qu'*il sait bien que si je t'aime comme mon petit-neveu j'en aime un autre aussi pour la même raison.*

Ton père m'a dit qu'il aurait, je crois, l'occasion de te faire venir prochainement à Paris, c'est une espérance que j'ai à cœur de voir se réaliser. La route n'est pas longue et on la fait à bon marché maintenant; mais ma santé ne me permet pas de faire comme autrefois des voyages loin de mon domicile... etc.

A M. Leclanché, son neveu, et à Georges, son petit-neveu.

Neuilly, dimanche 7 novembre 1852.

Je suis assurément très-flatté, mes très-chers neveux, de la bonne prévenance que vous avez pour moi en m'invitant à aller vous rejoindre à Londres, et j'aurais grand plaisir à pouvoir y répondre; mais le moment, la saison et mes affaires ici m'empêchent de me mettre en route par le temps qui court. L'espérance que vous me donnez de nous trouver tous réunis bientôt me dédommage du regret de ne pouvoir mieux y concourir que je ne le fais.

Notre cher petit Eugène a été bien joyeux de la nouvelle de revoir son bon frère qu'il y a si longtemps qu'il n'a vu et dont nous parlons si souvent. L'un et l'autre se retrouveront bien grandis, et pour mon compte je serai heureux de revoir ensemble LES DEUX SEULS REJETONS DE MA FAMILLE QUI ME RESTENT.

Je ne peux finir sans t'exprimer, mon cher Georges, combien ton ancienne bonne Eulalie, qui est aussi celle de ton frère, est sensible à ton bon souvenir, tu peux bien y compter.

Et quant à moi, *ni ton père ni toi ne pouvez douter de tout l'attachement que je vous porte en* ONCLE TOUT BIEN SINCÈREMENT AIMANT.

N. DEVILLENEUVE.

LETTRES DE M. PERSAC.

A M. LECLANCHÉ.

Monsieur et cher cousin,

J'ai bien reçu v/ amicale du 24 courant, qui m'entretient sur tout ce qui s'est passé à l'occasion de notre malheureux parent. *Certainement je pourrai toujours protester en temps et lieux que l'on m'a fait dire ce qui n'est pas* EN ABUSANT DE MA SIGNATURE QUE J'AVAIS DONNÉE EN BLANC. Nous reviendrons sur ce chapitre quand il le faudra.

J'espère arriver chez vous le 8 décembre de quatre à cinq heures après-midi, et là nous verrons à nous entendre pour ce qu'il y aura à faire dans les intérêts de notre cher cousin.

Permettez-moi, Monsieur et ami, de me croire votre affectionné parent,

Signé: PERSAC.

Fécamp, le 28 novembre 1853.

Monsieur et cher cousin,

J'ai bien reçu votre amicale du 5 courant, qui m'entretient de tout ce qui s'est passé à l'occasion des affaires de notre malheureux Narcisse : pour ne pas avoir à vous répondre, article par article, sur tout ce que contient votre lettre, je puis vous dire que j'en approuve tout le contenu ; je vois que vous allez vous débrouiller assez bien de toute cette grande charge ; car, en vérité, je vous souhaite bon courage pour mener à fin tout ce qu'il reste à faire.

Qu'and à la santé de n/ cher cousin Narcisse, je ne m'atand pas à la voir aller de mieux en mieux ; c'est de faire pour lui tout ce que vous pourrés pour à dousir sa malheureuse position, et je ne doute pas que vous ne négligerés rien pour le soin de sa santé comme dés interets qui se trouve celui de vos chers anfants.

Signé: PERSAC.

Fécamp, le 11 février 1854.

Fécamp, le 24 mars 1854.

Mon cher cousin,

J'ai bien reçu v/ amicale qui me donne connaissance de tout ce qui s'est passé à l'occasion de la créance de notre ami Narcis. Je vois que grâce à vos soins et à votre adresse vous en avez tiré tout le parti et même au-delà de ce qu'on pouvait en attendre. Vous voyez que parfois la hardiesse ne nuit pas.

Vous m'entretenez aussi du projet que vous avez de faire des boutiques à la maison de Néuilly. Il faut espérer comme vous le dites que vous retrouverez et au-delà la perte que vous avez éprouvée sur la maison de Courbevoie.

Je vous souhaite un bon voyage en Suisse, et nous espérons que vous nous ferez faire connaissance avec M. Georges, v/ fils, aussitôt votre retour.

Nous serions charmés de vous recevoir avec M. votre fils cet été.

Votre affectionné cousin,

Signé : PERSAC.

Monsieur et cher cousin,

Nous avons bien reçu v/ amicale du 4 courant, qui nous entretient de la position de santé de notre cher cousin et sur tout ce qui s'est passé à l'occasion de toutes les affaires d'intérêts. Nous vous remercions de tout le mal que vous vous donnés pour nous tenir si bien au courant; nous nous empressons donc, Monsieur, de vous dire que *nous trouvons bien tout ce que vous avés fait* pour tirer si bon parti de la position des choses; que *notre cousin s'en trouvera bien* et ses intérêts aussi; veuillez continuer puisque vous êtes en bon chemin.

Par la même vous nous dites que vous croyés ne pas pouvoir accompagner monsieur v/ fils pour venir passer quelques jours avec nous; nous en aurions été bien flatés; dans tous les cas, nous attandons monsieur Georges le petit cousin.

Votre affectionné parent,

Signé : PERSAC.

P. S. Nos amitiés, s'il vous plaît, à ce pauvre Narcisse et au petit cousin que nous recevrons d'ici peu.

Fécamp, le 15 juin 1854.

Mon cher cousin,

Je reçois v/ amicale qui me donne de vos nouvelles et de mon cousin Narcisse, qui va toujours assez bien. Nous voyons que le tout petit cousin fait une petite maladie qui probablement n'ira pas loin; tout cela vous donne bien des tracas, *avec un emménagement à l'Isle-Adam.*

Nous aurions été bien flatés de vous avoir quelques jours avec nous, mais nous voyons que vous auriés la volonté de faire le voyage si cela était possible; il ne faut donc pas vous en vouloir.

Nous vous remercions également de votre bonne invitation pour aller vous voir; mais nous ne devons pas aller cette année à Paris; nous remettons le voyage au 1er mai 1855, pour le moment de la grande fête. Là, nous irons vous voir et

2

nous pouvons vous assurer que nous passerons quelques jours en famille. Le cousin Georges vous dira le reste, et nous avons été bien heureux de l'avoir avec nous quelques jours. Nous l'avons trouvé bien aimable, et nous nous proposons de le revoir aussitôt que cela se pourra, car il a encore à travailler pour faire un homme, mais il y a de quoi faire et ne se fera pas attendre.

Ma mère et ma sœur et moi vous présentons nos amitiés les plus sincères, et vous prions de recevoir nos affectueuses salutations.

Fécamp, le 8 juillet 1854.

Signé : PERSAC.

Saint-Léonnard, 2 janvier 1855.

Monsieur Leclanché,

J'ai reçu vos deux lettres dernières. Je n'ai pu y répondre plutôt. Je suis auprès de mon oncle qui est très-gravement malade, et il y a même peu d'espoir de le sauver.

Voyant que toute votre affaire ne me paraît pas claire, je désire rester en dehors de tout le tracas qui ne me va pas du tout; d'ailleurs, *j'ai chargé quelqu'un*(1) *de me représenter dans votre affaire*, et je continuerai à en rester là; *et vous prie de ne pas vous déranger*, attendu que je ne serai à Fécamp tout le mois de janvier. Je reste à la campagne d'où je vous écris.

J'ai l'honneur de vous saluer bien sincèrement,

Signé : PERSAC.

Fécamp, le 9 juillet 1855.

Monsieur Leclanché, Paris.

J'ai bien reçu votre lettre du 4 courant. Vous êtes étonné que je sois resté une quinzaine à Paris sans aller vous voir. Vous ne devez pas l'être, Monsieur, car vous savez sans doute que je suis loin d'approuver tout ce qui a eu lieu après le décès de mon malheureux cousin. Je n'entrerai dans aucun détail à ce sujet. J'en aurais trop à dire; *je me bornerai à vous dire que mon opinion a été le premier jour ce qu'elle est aujourd'hui*, c'est-à-dire nullement d'accord avec vous, *ce qui m'a déterminé à cesser tous rapports*. Croyez(2), Monsieur, que j'ai toujours été juste et que je le serai toujours, et que si, dans cette malheureuse affaire, la justice a besoin de moi pour l'éclairer, je serai là pour dire la vérité, toute la vérité. Je suis bien fâché de tant de scandale après la mort de mon cher parent, mais, je le répète, *je suis bien fixé dans cette affaire*, ET RIEN NE POURRA ME FAIRE CHANGER(3).

Votre serviteur,

Signé : PERSAC.

(1) M. DEVILLENEUVE AINÉ!

(2) Déposition Persac :

« Quand j'ai appris l'existence prétendue d'un second testament *qui ne fût annoncée à Fécamp par M. Devilleneuve aîné*, je ne crus pas à sa possibilité;... J'AI IMMÉDIATEMENT ROMPU AVEC LUI (*M. Leclanché*) ET JE N'AI PLUS VOULU RÉPONDRE A AUCUNE DE SES LETTRES. »

(3) Voir la note précédente.

LETTRE DE M. DALICAN A M. LECLANCHÉ

(Timbre de la poste : 16 mai 1853)

Paris, le 16 mai.

« Mon cher ami,

« J'étais hier en visite à Charenton chez un mien cousin médecin honoraire
« de la maison de Charenton.

« Il arrivait d'une visite qu'il avait faite à un de ses clients dans la maison de
« madame Reboul, et voici ce qu'il a vu et ce à quoi il a pris part :

« Pendant qu'il était à causer avec M. Rota, le médecin de la maison, un do-
« mestique est venu prier M. Rota de se transporter sur-le-champ dans la chambre
« de M. Villeneuve, saisi d'une nouvelle attaque.

« M. Rota a prié alors M. Bleynie, mon cousin le médecin honoraire, de vou-
« loir bien venir voir le malade et donner son avis.

« En peu de mots il a expliqué la situation.

« Pendant que les deux médecins se rendaient à sa chambre, M. Villeneuve
« avait déjà fait des siennes : il lacérait un billet de banque de 200 fr.; tirait
« sa montre pour la briser contre terre; heureusement un pensionnaire était là
« et a pu l'arrêter.

« Les médecins ont trouvé votre oncle frappé d'un congestion cérébrale, les
« membres supérieurs contractés, la bouche torse, et tournant sur lui-même
« comme fait le mouton dans certaine maladie.

« Le médecin de Picpus a déclaré alors à M. Bleynie que, ce même jour, en
« vertu d'ordres administratifs, le frère de M. Villeneuve allait l'enlever.

« M. Bleynie a insisté fortement pour que le médecin s'opposât à cet enlève-
« ment : et ce dernier, d'après ses avis, a dû sur-le-champ écrire au préfet pour
« faire révoquer l'ordre. M. Bleynie l'a autorisé à faire usage de son nom bien
« connu en pareille matière.

« Voilà ce qui s'est passé hier.

Signé : DALICAN.

DEUXIÈME PARTIE

PIÈCES

PREMIER TESTAMENT (20 mars 1849).

DEVANT DIEU ET DEVANT LES HOMMES,

Moi, soussigné, Narcisse Lemoine Devilleneuve, déclare que le présent acte est mon testament et renferme l'expression de mes dernières volontés sur la destination de tous les biens que je laisserai dans ma succession.

En conséquence je donne et lègue à mon frère Devilleneuve la moitié desdits biens, pour en jouir sa vie durant et *la transmettre à qui de droit*, ainsi qu'il va être dit, et ENTENDANT PAR LA LIMITER SES DROITS DANS MA SUCCESSION COMME HÉRITIER.

Je donne et lègue par moitié à Georges Leclanché et à son frère Maurice Leclanché, mes deux petits-neveux, la totalité des biens meubles et immeubles que je laisserai à mon décès, savoir : la moitié en toute propriété et jouissance dès l'instant de mon décès, et l'autre moitié dont je viens de donner l'usufruit à mon frère sa vie durant qu'ils partageront aussi par moitié.

Ces legs sont faits sous la condition et à charge qu'il sera prélevé sur la totalité une pension ou rente viagère de six cents francs par an, payable par semestre, en sa demeure dont je fais don à Eulalie Gresset et en récompense des bons services qu'elle m'a rendus pendant ma vie. Je lui lègue encore tous les meubles qui garnissent habituellement sa chambre, de plus le lit tout compris, l'armoire d'acajou, la glace, pendule, flambeaux et vases et table qui garnissent la mienne, ainsi que toute ma garde-robe consistant en tous mes vêtements et linge de corps et de ménage. J'institue mon frère le liquidateur de ladite succession.

Fait à Neuilly, le vingt mars mil huit cent quarante-neuf avec mon approbation des mots en surligne *en, payable* et *que* qui se trouvent au présent acte en foi de quoi je l'ai signé pour qu'il obtienne l'effet de mes désirs.

Signé : N. LEMOINE DEVILLENEUVE.

DEUXIÈME TESTAMENT, (8 février 1852

et CODICILLE (5 mars 1853).

DEVANT DIEU ET DEVANT LES HOMMES,

Je nomme et institue pour mes légataires universels mes deux chers petits-neveux Georges Lionel Leclanché et Maurice Leclanché, autrement appelé *Eugène*, en mémoire de sa mère *Eugénie* Devilleneuve, ma nièce tant aimée et regrettée; je leur donne, pour en jouir après moi, tous mes meubles, biens meubles et immeubles.

Néanmoins, je laisse à mon frère Jean-Esprit-Marie-Pierre Lemoine Devilleneuve, pour en jouir sa vie durant, moitié du revenu de mes actions du *Recueil général des lois et des arrêts* dont il est rédacteur en chef depuis mil huit cent trente.

Je laisse aussi à ma bonne Eulalie Gresset, en récompense de ses longs services, une rente viagère de quatre cents francs, montant de ses gages, et les meubles qui garnissent ma chambre à coucher.

Je choisis et nomme pour mon exécuteur testamentaire mon neveu Léopold Leclanché, avocat et homme de lettres, qui remplira ses fonctions avec l'amour que je lui connais pour ses enfants.

Fait à Neuilly, le huit de février de l'an mil huit cent cinquante deux.

Signé : N. LEMOINE DEVILLENEUVE.

Au recto de la page suivante on lit :

En cas de décès de l'un de mes deux petits-neveux Georges ou Maurice, j'institue le survivant mon légataire universel.

Ajouté comme codicille au testament ci-contre, le cinq de mars 1853.

Signé : N. LEMOINE DEVILLENEUVE.

Sur l'enveloppe non cachetée du susdit testament est écrit de la main de M. Narcisse Devilleneuve :

Le contenu sous cette enveloppe est mon testament.

INTERROGATOIRE DE M. NARCISSE DEVILLENEUVE.

DEMANDE. Quels sont vos nom, prénoms, âge, profession et demeure?

RÉPONSE. Narcisse Lemoine Devilleneuve, âgé de cinquante-sept ans, licencié en droit, propriétaire à Neuilly, y demeurant avenue de Neuilly, n° 153.

D. Vous avez été, il y a quelque temps, dans une maison de santé. Pour quel motif y êtes-vous entré?

R. On m'y a conduit sans que je m'en doutasse. J'avais pris une voiture *pour aller à Neuilly* (1). C'était une *voiture de place*. J'avais affaire à un endroit de la barrière, à *Permeil* (2), et le cocher m'a conduit dans une maison de santé dont je ne me rappelle pas le nom.

D. Une fois dans cette maison, avez-vous protesté?

R. Oui, monsieur, j'ai même écrit des lettres qui ont été interceptées.

D. Avant de vous faire entrer dans la maison de santé, ne vous avait-on pas d'abord conduit à la préfecture de police?

R. *Non*, monsieur (3). Quand on m'a déposé dans cette maison, j'ai cru que c'était UN RELAI *pour aller à Neuilly*. Bien franchement je voulais aller à Courbevoie trouver un de mes débiteurs.

J'étais DANS UNE VOITURE DE NOURRICES, *et c'est cette voiture-là qui m'a conduit dans la maison de santé.*

J'avais pris la voiture au bureau, mais *je ne me rappelle plus où est situé ce bureau.*

D. Quand vous étiez dans cette maison, à quelles personnes avez-vous écrit pour qu'on vînt vous y chercher?

R. J'ai écrit chez moi à une femme qui est à mon service, Eulalie Gresset, et à mon *petit-neveu*, M. Leclanché qui s'occupe de mes affaires; mais si mes lettres n'ont pas été reçues, c'est qu'elles ont été interceptées.

(1) M. Narcisse *partit de* Neuilly et non dans une voiture de place, mais dans un omnibus.

(2) *Permeil* est un nom imaginaire.

(3). M. Narcisse a été conduit à la préfecture de police et y a passé vingt-quatre heures.

— 15 —

D. Depuis combien de temps êtes-vous SORTI de la maison de santé?

R. Je crois que j'y suis RESTÉ *une* semaine.

D. Qui vous a soigné quand vous étiez dans cette maison?

R. *Je ne me souviens pas* des noms des personnes qui étaient autour de moi ; *je pense toujours que c'est mon frère* qui m'a fait arrêter et qui m'a fait conduire dans cette maison en donnant l'ordre *au cocher de la Courbevoisienne* de m'y conduire. Ensuite il a voulu m'en faire sortir parce qu'il ne pouvait pas me faire passer pour aliéné, et tout cela parce que j'ai fait un testament en faveur de ses petits-enfants, et cependant je lui réservais la moitié en usufruit (1).

D. Avez-vous déposé ce testament?

R. Il est chez M. *Delamarche*, notaire à Neuilly (2). Je lui ai remis aussi D'AUTRES FACTURES *sur l'État*, et je crois aussi d'autres papiers.

D. Mais comment ferez-vous alors pour toucher vos rentes?

R. Je redemanderai les titres au notaire. Je les lui ai remis parce qu'en sortant de la maison de santé j'ai trouvé les scellés qu'on avait apposés chez moi.

D. Pourquoi avait-on apposé les scellés chez vous?

R. C'est qu'*on* voulait me faire interdire, parce qu'*on* me croyait plus malade que je ne l'étais.

D. Lorsque vous êtes rentré dans votre domicile, quelles personnes y avez-vous trouvées?

R. Je n'ai trouvé personne autre que ma domestique *chez ma mère* (3), et qui me sert depuis vingt ans.

D. Entendez-vous résister à la demande en interdiction qui est formée contre vous?

R. Oui, je forme opposition complète, je gère ma fortune depuis que je suis émancipé. J'ai tous les actes nécessaires pour prouver que je suis le seul et unique propriétaire de la maison de Neuilly, et tous les *locataires* répondraient que je suis en état de gérer mes affaires ; voici même une note qui constate le relevé de ma fortune.

(1) « Cette déclaration, dit le jugement, est une preuve qu'à l'époque où elle a été faite le testament de 1852-53 n'existait pas encore. »

« Cette déclaration, a dit M. le substitut *Sapey*, indique seulement que *l'intimité* de « Devilleneuve aîné *provenait de ce testament* qu'il connaissait, *mais non que*, depuis « ce testament, *Narcisse Devilleneuve n'en eût pas fait un autre.* »

(*Notes* de M⁰ *Paillet* prises à l'audience sur les conclusions de M. le substitut *Sapey.*)

(2) Nom imaginaire. Il n'y a jamais eu à Neuilly un notaire nommé *Delamarche.*

(3) Madame Devilleneuve est morte en 1832.

D. Mais le conseil de famille, composé de personnes qui doivent toutes vous connaître, a néanmoins été d'avis de la mesure que l'on poursuit, en raison de votre faiblesse d'esprit?

R. Je crois qu'ils se sont trompés.

D. Croyez-vous, en raison de cela, avoir à vous plaindre d'eux?

R. Non, monsieur, JE NE LEUR EN VEUX PAS.

EXTRAIT DU JUGEMENT D'INTERDICTION

« Attend quue de l'avis unanime du conseil de famille, de l'interrogatoire de Lemoine Devilleneuve, notamment de ses réponses qui constatent qu'il a *complétement perdu la mémoire de ses actions*; qu'il ne peut plus se conduire lui-même, et *qu'il ne se rappelle pas les noms les plus usuels des valeurs* qui entrent dans la composition de ses biens, résulte la preuve *qu'il est dans un état habituel d'imbécillité et de démence*; — par ces motifs :

« Déclare Lemoine Devilleneuve interdit, etc. »

ENQUÊTE ET CONTRE-ENQUÊTE

ENQUÊTE

1er *Témoin*. — BERNIER (ACHILLE), juge de paix de Neuilly, demeurant aux Batignolles, dépose :

Je ne sais rien des faits relatifs à l'apposition des scellés chez M. Devilleneuve lorsqu'il disparut; mais j'ai présidé toutes les assemblées de famille. A la première, il y eut une discussion entre M. Devilleneuve aîné et M. Leclanché; ce dernier contestait l'allégation de M. Devilleneuve, qui disait que les premiers symptômes d'aliénation remontaient à plus de vingt ans (1); mais je n'entendis rien au sujet de la date du testament.

Je présidais aussi l'assemblée qui avait pour objet de constituer la tutelle; on proposait de nommer M. Leclanché ou M. Ancelle. Ce fut l'objet d'un débat que le conseil termina en chargeant deux de ses membres, moi et M. le docteur Putel, d'aller interroger sur ce point M. Narcisse Devilleneuve, qui se trouvait dans un intervalle lucide. Il nous reçut et nous *exprima* TRÈS-FORMELLEMENT *que son désir était que ce fût M. Leclanché à qui fût confiée l'administration de ses biens.* Nous évitions de prononcer devant lui le mot de tuteur.

Je m'étais rappelé que M. Leclanché avait exprimé devant moi l'intention de transférer M. Narcisse à l'Isle-Adam, et j'en avais parlé au conseil; suivant la mission qui nous avait été donnée, je demandai à M. Narcisse quel était à cet égard sa volonté; il nous déclara que sa volonté était de rester dans sa maison de Neuilly. Nous rapportâmes ses réponses au conseil de famille, qui consigna notamment dans sa délibération une disposition expresse sur ce dernier point. A quelque temps de là, M. Leclanché se présenta chez moi et me dit que, pour procéder aux réparations autorisées par la précédente délibération, il avait dû, la maison se trouvant inhabitable, transférer M. Devilleneuve à l'Isle-Adam. Je m'étonnai que de simples réparations eussent pu produire ce

---

(1) Voir, page 22, les dernières lignes de la déposition contraire de M. Ancelle, suppléant du juge de paix et, page 28, les dernières lignes de la déposition également contraire de M. Blanche, notaire.

résultat ; je me transportai dans la maison, et je vis que les travaux dépassaient de beaucoup les simples réparations qui avaient été autorisées : c'était une véritable transformation (1). Je m'étonnai aussi que M. Leclanché n'eût pas consulté préalablement le conseil de famille sur la translation qui avait été opérée contrairement à la précédente délibération. — A l'assemblée suivante, le conseil de famille autorisa la continuation des travaux, à cause de leur état d'avancement, et remit ultérieurement à délibérer sur le point de savoir si M. Devilleneuve serait ramené à Neuilly quand les travaux seraient terminés. (2).

(1) Le procès-verbal du conseil de famille du 10 DÉCEMBRE 1853 avait dit :

« Eu ce qui touche la maison de Neuilly appartenant à M. Devilleneuve, le conseil « reconnaît *dès à présent* qu'il est nécessaire d'y faire des réparations *au moyen des-* « *quelles un* EXCÉDANT DE REVENUS *pourra être obtenu.* »

Six mois plus tard, le procès-verbal du conseil de famille du 6 juin 1854, dit :

« Considérant que d'après les documents présentés par le tuteur, les travaux commen- « cés et ceux projetés s'élevaient d'après l'état présenté par l'architecte au maximum à la « somme de 24,500 francs, que cet état paraît exact au conseil de famille, *que l'accroisse-* « *ment annuel à provenir de ces travaux ne peut rester au-dessous de* 5,000 francs, que « *dès lors l'emploi du capital* à provenir desdites rentes est AVANTAGEUX *à M. Deville-* « *neuve,* interdit, et qu'il est utile en attendant le recouvrement de la créance hypothé- « caire, de mettre à la disposition du tuteur un capital nécessaire pour payer journellement « les dépenses qu'occasionneront les travaux, est d'avis à l'unanimité des voix , la nôtre « comprise, d'autoriser, comme en effet il autorise le tuteur : 1° à exécuter les travaux « dont il lui a soumis le projet ; 2° et à vendre au cours de la bourse la rente sur l'État « français, etc. »

(2) Certificat de M. Mestral, architecte :

« Je soussigné, atteste et certifie :

« 1° Que la maison de M. Narcisse Devilleneuve, sise à Neuilly, n° 153, réclamait des réparations indispensables auxquelles tenait moins encore l'augmentation des loyers que la *conservation essentielle de l'immeuble* lui-même ;

« 2° Que les réparations les plus urgentes et les plus importantes devaient être et ont été exécutées dans l'aile gauche où se trouvait l'appartement de M. Narcisse Devilleneuve ;

« 3° Que la nature de ces réparations rendait ladite aile gauche complètement inhabitable ; qu'en conséquence elle a dû être et a été évacuée par M. Devilleneuve et par les divers locataires qui l'occupaient, auxquels locataires indemnités préalables ont été payées à cet effet ;

« 4° Que les travaux commencés n'auraient pu être retardés sans grave préjudice, à raison de leur nature et de l'avancement de l'année ;

« 5° Que dans le cours de ces travaux, *M. Devilleneuve aîné est venu me solliciter avec instance de les abandonner, m'affirmant que M. Leclanché, son gendre, ne paierait ni les ouvriers, ni les entrepreneurs, en un mot personne.*

« J'ajoute que dès le début des travaux, M. Leclanché, malgré mes refus, m'avait forcé de recevoir les sommes nécessaires pour faire face aux dépenses, et j'atteste qu'il en a été ainsi jusqu'à la fin des travaux, qui tous ont été soldés au fur et à mesure de leur exécution.

« Paris, ce 1er août 1856.   « *Signé :* MESTRAL, architecte,
5, rue Louis-le-Grand. »

A la réquisition de M⁰ Belland ;

D. Savez-vous par quel motif le conseil de famille prenait des précautions pour s'assurer une sorte de surveillance sur la personne de M. Narcisse?

R. Je crois que c'est parce qu'il remarquait une sorte de défiance réciproque entre M. Devilleneuve aîné et M. Leclanché. Il voulut donc que rien ne pût se faire qu'après qu'il lui en aurait été référé. J'ajoute, quant au séjour à Neuilly, que M. Narcisse Devilleneuve dans un moment de parfaite lucidité, nous en avait, comme je l'ai dit, manifesté la plus ferme volonté.

A la requête de M⁰ Marin :

D. N'avez-vous pas connaissance que M. Leclanché lui-même avait sollicité la dernière réunion du conseil de famille du six juin 1854.

R. M. Leclanché vint me voir en effet, pour réclamer cette réunion; mais la translation était déjà opérée, et c'est lui-même qui me l'annonça.

Même réquisition :

D. Lors de la réunion préparatoire pour l'interdiction, n'est-ce pas MM. Blanché et Ancelle, M. Leclanché étant absent, qui ont réclamé contre l'assertion de M. Devilleneuve aîné sur la date de vingt années à laquelle ils faisaient remonter l'aliénation?

R. *Non*, ce n'est point ainsi que les faits se sont passés. M. Leclanché qui était présent interrompit la lecture de la requête à fin d'interdiction et dénia l'assertion qui vient d'être énoncée. *La discussion s'établit seulement entre M. Leclanché et M. Devilleneuve aîné* (1), et le Conseil de famille préféra ne pas émettre d'opinion sur cette question qui lui parut avoir peu d'intérêt pour la mesure qu'il avait à prendre.

A la requête de M⁰ Belland :

D. Dans la délibération qui suivit la translation de M. Narcisse à l'Ile-Adam, n'est-ce pas seulement parce que les faits étaient accomplis

_____

(1) Déposition de M. Ancelle, ancien notaire et suppléant de M. le juge de paix.

Demande. « N'est-ce pas vous et M. Blanché qui avez, *les premiers*, contesté l'allégation de la requête portant que depuis vingt années environ, M. Narcisse avait donné des signes d'aliénation ? »

Réponse : « Oui, nous avons fait des observations sur cette rédaction, parce qu'elle contenait une allégation que nous ne croyions pas exacte. *Je savais même qu'elle était inexacte et je trouvais que la requête* DÉPASSAIT SON BUT... M. Leclanché *arriva* et insista, *à son tour*, sur notre observation. »

A la même question, M. Blanché, notaire, répond : — « Oui, je me suis élevé contre cette *allégation*, qui était *démentie par mon expérience.* »

que le conseil de famille n'exigea pas que M. Narcisse fût ramené à Neuilly?

R. Le conseil de famille exprima sa surprise et témoigna son mécontentement de ce qu'avait fait M. Leclanché, mais il ne voulut pas consigner un blâme dans sa délibération (1).

A la réquisition de Mᵉ Marin :

D. Quelles personnes ont exprimé un blâme?

R. Moi d'abord, M. Ancelle, *je crois*, M. Devilleneuve aîné, et en général l'opinion du conseil était contraire à la translation.

2ᵉ *Témoin.* ANCELLE (NARCISSE-DÉSIRÉ), ancien notaire et suppléant de la justice de paix du canton de Neuilly, demeurant à Neuilly, dépose :

Mes souvenirs sont un peu confus en ce qui touche l'apposition des scellés après la disparition de M. Narcisse. Je crois que c'est M. Leclanché qui avait requis cette apposition. Quelques jours après, je procédai à leur levée. Lorsque j'entrai dans la première pièce, M. Narcisse était présent, je lui montrai les scellés; il les regarda et y porta la main *d'un air* HÉBÉTÉ, *ne pouvant me donner aucune explication sur d'autres bandes qu'il avait arrachées la veille.* J'avais été prévenu qu'il devait exister un testament et des *valeurs au porteur,* placées dans un secrétaire situé dans la chambre à coucher; il était question d'un testament qui, d'après la déclaration de la bonne Eulalie, devait se trouver dans ce meuble. M. *Leclanché* et M. Devilleneuve aîné *restèrent* dans la première pièce; j'entrai dans la chambre à coucher avec le greffier, M. Blanché, notaire, et M. Persac. *Je cherchai et trouvai* de suite le testament enveloppé et quelques valeurs. *Je présentai* le paquet contenant le testament à M. Narcisse; *il y jeta les yeux* et FIT UN SIGNE DE TÊTE qui indiquait que c'était bien son testament : je l'invitai à recacheter ce testament pour qu'il fût déposé entre les mains de M. Blanché, notaire.

(1) Déposition de M. Dalican.

— « M. Leclanché m'a prévenu, avant la translation ; il m'a dit que la réunion du conseil de famille était retardée par la difficulté d'indiquer un jour, et que l'époque utile des
« travaux arrivait. Dans le conseil de famille où j'assistais comme mandataire de M. Persac,
« on pensa que les travaux étaient utiles et que M. Leclanché avait bien fait de trans-
« férer M. Narcisse. »

Extrait du procès-verbal du conseil de famille du 6 juin 1854 :

— « Le conseil... est d'avis, à l'unanimité des voix, LA NÔTRE COMPRISE, d'approuver
« comme en effet il approuve, la translation momentanée, mais en ce qui concerne son
« maintien définitif, il s'ajourne pour en délibérer. »

Et, sur mon indication, *il écrivit de sa main* (1) sur l'enveloppe une suscription ayant pour but de constater que le testament avait été ouvert. Quand le testament a été placé sous ses yeux, il a eu tout le temps nécessaire pour le lire en entier. *Il nous exprima le désir* que nous restassions seuls et *que M. Devilleneuve ainé ne fût pas présent, dans la crainte qu'il ne fût mécontenté* par la connaissance *de l'existence du testament.* Je savais que ce testament devait instituer ses petits-neveux pour légataires universels, sauf l'usufruit de moitié qui était légué à M. Devilleneuve ainé; mais *mes souvenirs sont tout à fait confus* sur les personnes qui avaient pu m'en instruire. *M. Narcisse ne nous donna point lecture de son testament, et je m'abstins de la lui demander.* Environ six semaines après, M. Devilleneuve ainé, M. Narcisse et M. Blanché, notaire, se présentèrent devant moi. M. Blanché m'apprit que ces messieurs lui *demandaient la remise* du testament déposé entre ses mains. Je demandai à M. Narcisse, après que M. Devilleneuve ainé eut dit que tout le monde, excepté lui, paraissait connaître le testament, si lui, M. Narcisse, désirait pour lui-même qu'il lui fût donné connaissance de son testament, *il répondit qu'il n'en avait nullement besoin, et* QUE C'ÉTAIT SON FRÈRE SEUL *qui désirait le voir. M. Narcisse était dans un moment lucide.*

Le jour de la levée des scellés, *il avait l'air hébété* en regardant les bandes dont une avait été arrachée par lui la veille, mais il était plus lucide quand il a été dans la chambre; c'est le fait des bandes des scellés dont la vue avait paru l'affecter. *Je dis alors qu'il n'y avait qu'à laisser subsister les choses dans l'état où elles étaient. M. Narcisse donna son assentiment à cette proposition.* M. Blanché remporta le testament, et l'on se retira. De tous ces précédents, et jusqu'à la mort de M. Narcisse, je conservai *l'opinion* que le testament léguait à M. Devilleneuve ainé la moitié des biens en usufruit.

D. d'off. Le jour de la levée des scellés, lorsqu'on présenta à M. Devilleneuve son testament, que pensez-vous sur les conditions de sanité d'esprit dans lesquelles il en put prendre connaissance?

R. Je pense qu'il ne pouvait pas se méprendre sur la pièce qu'on lui présentait et qu'il a parcourue des yeux, *quoique je ne puisse rien dire sur son aptitude mentale à en apprécier les dispositions.*

(1) *Enquête.* M. Blanché, notaire, dépose: — « Mon rôle se borna à ..... et à EXIGER « une mention qui FUT ECRITE DE MA MAIN et signée par M. Narcisse, laquelle constate « qu'elle est scellée par deux pains à cacheter, le cachet à la cire ayant été brisé. »

A la requête de M⁰ Belland :

D. De l'ensemble des circonstances qui se sont alors passées, avez-vous conçu la pensée que le testament mis sous les yeux de M. Narcisse fût son dernier testament, ou qu'avec ce testament il en existât un autre?

R. J'ai conçu la *pensée* que ce testament était actuellement l'expression de sa dernière volonté, et je ne puis dire combien je fus étonné quand on m'apprit qu'il en existait un autre.

A la requête de M⁰ Marin :

D. Lors de la réunion du conseil de famille pour délibérer sur l'interdiction, n'est-ce pas vous et M. Blanché qui avez les premiers contesté l'allégation de la requête portant que depuis vingt années environ M. Narcisse avait donné des signes d'aliénation?

R. *Oui*, nous avons fait des observations sur cette rédaction, parce qu'elle contenait une allégation que nous ne croyions pas exacte. JE SAVAIS MÊME QU'ELLE ÉTAIT INEXACTE, *et je trouvais que* LA REQUÊTE DÉPASSAIT SON BUT. J'entendais faire une observation en ma qualité d'homme d'affaires, sur la régularité des énonciations de l'acte.

— M. LECLANCHÉ ARRIVA ET INSISTA A SON TOUR *sur notre observation.*

3⁰ *Témoin.* — BLANCHÉ (VINCENT), notaire à Neuilly, dépose :

Je fus appelé lors de la levée des scellés pour recevoir le dépôt d'un testament ET DE VALEURS. Je ne me rappelle plus si la demande m'était adressée par M. Leclanché ou par M. Ancelle, peut-être était-ce par tous deux, ce n'était certainement pas par M. Devilleneuve aîné. Je m'y rendis; mon rôle se borna à recevoir le Testament qui me fut remis et à EXIGER UNE MENTION QUI FUT ÉCRITE DE MA MAIN et signée par M. Narcisse Devilleneuve, sur l'enveloppe, laquelle constate qu'elle est scellée par deux pains à cacheter, le cachet à la cire ayant été brisé. *Je remarquai que M. Narcisse était* PASSIF ET FAISAIT SANS OBSERVATIONS CE QU'ON LUI DISAIT.

A quelque temps de là, M. Devilleneuve aîné et son frère se sont présentés chez moi. M. Devilleneuve *aîné* me demanda communication du testament déposé, son frère paraissait consentir quoiqu'il restât muet. Je crus que je ne devais pas le communiquer NI M'EN DESSAISIR, et je leur dis, qu'ayant reçu ce testament lors d'une levée de scellés, je croyais convenable d'en référer à M. Ancelle qui dirigeait l'opération quand le testament m'avait été remis. Nous nous y rendîmes, et M. Ancelle après avoir conféré avec MM. Devilleneuve aîné et jeune en ma présence, pensa que les choses devaient rester en ce même état. *J'étais résolu, dans tous les cas, à persister dans mon refus.* JE CRAIGNAIS QUE LE TESTAMENT UNE FOIS SORTI DE MES MAINS N'Y RENTRAT PLUS. M. NARCISSE ME PARAISSAIT AGIR SOUS LA PRESSION DE SON FRÈRE, et N'AVOIR POINT SON LIBRE ARBITRE.

A la demande de M. Devilleneuve aîné :

D. Vous rappelez-vous que M. Devilleneuve aîné vous a déclaré qu'il ne vous demandait pas que le testament fût remis en sa possession, qu'il demandait seulement qu'il lui en fût donné connaissance ?

R. *Je crois* me le rappeler, mais je suis sûr que, PLUS TARD, *il est venu me voir et me l'a déclaré.*

A la réquisition de M. Devilleneuve aîné :

D. Vous avez dit plus haut que mon frère était resté muet pendant notre visite; je crains que cette expression ne soit exagérée?

R. J'ai voulu dire que vous seul portiez la parole, que les seules paroles qu'aurait prononcées M. votre frère auraient eu pour objet de manifester son adhésion; il consentait évidemment, quoique *sous votre pression,* à ce que la communication vous fût donnée.

A la requête de M⁰ Belland :

D. M. Devilleneuve ou M. Leclanché vous ont-ils jamais parlé de l'existence d'un testament autre que le testament déposé?

R. Non, je n'étais pas dans l'intimité de M. Narcisse, de manière à ce que cette confidence me fût faite.

A la requête de M⁰ Marin :

D. N'est-ce pas vous qui, avec M. Ancelle, avez signalé, à la lecture de la requête, l'allégation de faits d'aliénation mentale remontant à près de vingt ans?

R. *Oui, je me suis élevé contre cette allégation qui était démentie par mon expérience;* je l'avais vu à l'occasion de plusieurs entretiens d'affaires dans lesquels il me parut avoir la plénitude de ses facultés.

4⁰ *Témoin.* — PERSAC (JEAN-FRANÇOIS-AUGUSTE), propriétaire, demeurant à Fécamp (Seine-Inférieure),

Lequel a déclaré être cousin-germain de M. Devilleneuve aîné, et à l'instant M⁰ Marin, avoué de M. Leclanché, a déclaré qu'il reproche M. Persac non-seulement en raison de son degré de parenté avec

M. Devilleneuve, et sa qualité de subrogé-tuteur des mineurs Leclanché, *mais encore et surtout à cause des sentiments de partialité qu'il
a obstinément manifestés depuis plus d'une année, sentiments qui se
sont produits dans les discours, les actes et la correspondance de
M. Persac, et notamment dans deux lettres des 2 janvier et 9 juillet
1855 ; et a signé.*

Sur quoi, nous, juge commissaire, avons ordonné et ordonnons que,
sauf la décision ultérieure à intervenir sur le reproche, s'il y a lieu, le
témoin sera entendu en sa déposition, et avons signé avec le greffier.

Et à l'instant nous faisons prêter au témoin le serment exigé par la
loi, et dépose de la manière et ainsi qu'il suit :

Je suis venu à Paris dans la première quinzaine de mai 1853 ; j'y
appris que M. Narcisse Devilleneuve était placé dans une maison de
santé. Je m'y rendis pour le voir. La maîtresse de la maison me reçut
et me dit qu'il y avait un tiraillement dans la famille qui venait le
visiter. Elle me fit venir M. Narcisse. Je lui parlai d'abord de son état et
lui demandai comment il se trouvait là : il me dit qu'il ne le savait pas.
Je lui parlai de son testament dont il m'avait entretenu plusieurs fois.
Il en avait d'abord fait un en faveur de sa nièce, madame Leclanché.
Depuis il m'avait parlé, après la mort de madame Leclanché, de *l'intention* de disposer au profit des enfants qu'elle avait laissés, sauf la moitié en usufruit qu'il réservait à son frère. Il m'avait aussi parlé d'une
rente de 600 francs en faveur de sa domestique. *Je lui demandai si ce
testament était fait,* il me répondit que oui, qu'il était chez lui. Il me dit
aussi qu'il craignait que son frère ne fût pas content de la disposition
qui ne lui donnait qu'une moitié en usufruit (1).

LE LENDEMAIN, M. Devilleneuve aîné, vint m'annoncer qu'il avait un
ordre de mise en liberté, immédiatement nous montâmes en voiture et
nous rendîmes à la maison de santé, où nous trouvâmes M. Leclanché.

____

(1) *Ce jour-là,* 15 mai 1853.
... « Pendant que les deux médecins se rendaient à sa chambre (de M. Narcisse Deville-
« neuve), M. Villeneuve avait déjà fait des siennes; il lacérait un billet de banque de
« 200 francs, tirait sa montre pour la briser contre terre. Heureusement un pensionnaire
« était là pour l'arrêter.

« Les médecins ont trouvé votre oncle frappé d'une congestion cérébrale, les membres
« supérieurs contractés, la bouche torse, et tournant sur lui-même comme fait le mouton
« dans certaine maladie. »

(Extrait d'une lettre de M. Dalican, datée et timbrée du 16 mai 1853, confirmée par le
certificat du docteur Rota, médecin de la maison de santé.)

Nous fîmes monter dans notre voiture. M. Narcisse et NOUS NE CONSENTIMES PAS A PRENDRE AVEC NOUS M. LECLANCHÉ. Nous arrivâmes à Neuilly, où M. Leclanché nous rejoignit. Je lui trouvais l'air *tout agité, inquiet, et même un peu exaspéré* (1). Je lui dis : que craignez-vous? il est sûr que le testament est sous le scellé et je vous promets de ne pas quitter Paris sans qu'il soit déposé chez un notaire; il sera ce qu'il sera, mais il faut qu'il soit conservé tel qu'il est et que chacun s'y soumette. C'est M. Leclanché qui a fait poser le scellé et qui l'a fait lever.

LE LENDEMAIN, le notaire, maître Blanché, prévenu par M. Leclanché, je pense, arriva pour recevoir le dépôt du testament à la suite de la levée des scellés. — Nous étions dans une pièce qui précède la salle à manger; MM. Leclanché et Devilleneuve aîné y restèrent, et nous pénétrâmes dans la chambre à coucher : aussitôt M. Narcisse *alla droit au meuble* dans lequel était son testament, et où il se trouvait des valeurs, *il remit le tout au notaire.* Le cachet de l'enveloppe du testament, qui était noir, avait été brisé, *M. Narcisse en retira le testament, le déploya*, y jeta les yeux et le remit dans l'enveloppe, en disant : *Messieurs, c'est bien là mon testament* (2). Il signa une mention sur l'enveloppe; il me paraissait parfaitement en état de reconnaître ce testament. Au commencement de l'opération, s'apercevant que la porte qui donnait sur l'autre pièce était entre-bâillée, il me dit à basse voix : Tirez la porte, parce que mon frère pourrait *entendre* (3) et il ne serait *pas content du testament qui ne*

(1) Le docteur Rota, médecin de la maison de santé, dépose :

« Il y eut une scène lors du départ de M. Narcisse. M. Leclanché vouloit entrer dans la même voiture que les personnes qui l'emmenaient; elles s'y refusèrent en disant qu'elles ne le conduisaient pas chez lui, mais *chez madame Gatherot.*

« Ces deux personnes étaient fort animées. »

(2) Enquête. Déposition de M. Ancelle :

« Je lui (à M. Narcisse) montrai les scellés, *il les regarda et y porta la main d'un air hébété,* ne pouvant me donner aucune explication sur d'autres bandes qu'il avait arrachées la veille.

... « *Je cherchai et trouvai de suite le testament enveloppé et quelques valeurs. Je présentai le paquet contenant le testament à M. Narcisse, il y jeta les yeux et* FIT UN SIGNE DE TÊTE qui indiquoit que c'était bien son testament.

... « M. Narcisse ne nous donna point lecture de son testament, et je m'abstins de la lui demander.

... « Le jour de la levée des scellés il avait l'air hébété... »

Enquête. Déposition de M. Blanché, notaire :

« Je remarquai que M. Narcisse *était passif et faisait sans observation* ce qu'on lui disoit. »

(3) Enquête. Déposition Ancelle :

« M. Narcisse ne nous donna point lecture de son testament, et je m'abstins de la lui demander. »

4

lui donne qu'une moitié des biens en usufruit (1). Je ne puis avoir aucun doute que c'était là son dernier testament et qu'il n'en avait fait aucun autre. M. Leclanché me paraissait surtout préoccupé de la crainte que ce testament dont les dispositions étaient connues et que M. Leclanché ne pouvait ignorer, ne fût soustrait et ne disparût d'une manière quelconque (2).

Il est vrai que M. Leclanché s'est constamment appliqué, dans sa correspondance, à nuire à M. Devilleneuve aîné dans mon esprit. Je cherchais à les concilier, je désirais que la volonté de M. Narcisse fût respectée, et je m'efforçais de faire prévaloir les délibérations en ce sens ; mais quand, depuis sa mort, j'ai appris l'existence prétendue d'un second testament, *qui me fut annoncée à Fécamp par M. Devilleneuve aîné*, je ne crus pas à sa possibilité ; ma mère, qui a quatre-vingts ans, et ma sœur, partagèrent entièrement ma conviction. M. Leclanché, qui m'a écrit un grand nombre de lettres, et que j'ai vu à plusieurs reprises, chez qui j'ai fait notamment un séjour de huit jours dans sa maison, ne m'a jamais laissé apercevoir que le testament au dépôt duquel j'avais assisté n'était pas le seul.

J'AI IMMÉDIATEMENT ROMPU AVEC LUI, ET JE N'AI PLUS VOULU RÉPONDRE A AUCUNE DE SES LETTRES.

Je suis convaincu que si M. Narcisse n'avait pas été, malgré le vœu du conseil de famille, enlevé de sa maison de Neuilly et conduit à l'Isle-Adam, si la domestique qui le servait depuis vingt-cinq ans n'avait pas été renvoyée par M. Leclanché, M. NARCISSE VIVRAIT ENCORE (3) !

(1) Déposition Ancelle : — Il (M. Narcisse) nous exprima le désir que M. Devilleneuve aîné ne fût pas présent, dans la crainte qu'il ne fût mécontenté par la connaissance de *l'existence du testament.*

(2) Contre-enquête. Déposition Potheau, commis greffier assermenté de la justice de paix :

« D. Un jour, *très-peu après la levée des scellés*, vous m'avez félicité du dépôt du testament, vous rappelez-vous ce que je vous ai répondu ?

« R. M. Leclanché m'a répondu que *l'existence de ce testament l'intéressait peu*, et il ajouta (je me rappelle ses propres paroles) : « J'EN AI UN » en portant sa main sur sa poitrine. »

(3) Le 15 juin 1854, un mois après l'installation de M. Narcisse à l'Isle-Adam, M. Persac écrit à M. Leclanché :

« Fécamp, le 15 juin 1854. »

« Monsieur et cher cousin, nous avons bien reçu votre amicale du 4 *courant*, qui nous entretient de la position de santé de notre cher cousin et surtout de ce qui s'est passé à l'occasion de toutes les affaires d'intérêts. — Nous vous remercions de tout le mal que vous vous donnez pour nous tenir si bien au courant ; — nous nous empressons donc, monsieur, de vous dire que nous trouvons bien tout ce que vous avez fait pour tirer si bon parti des

A la requête de M⁺ Belland : D. Quand vous vous êtes présenté, à votre arrivée, dans la maison de Neuilly, la domestique ne vous a-t-elle pas répondu que c'était M. Devilleneuve aîné qui avait fait arrêter son frère, et qu'il l'y retenait quoiqu'il pût l'en faire sortir?

R. La domestique nous exprima l'opinion qu'il resterait dans la maison de santé, parce que M. Devilleneuve aîné ne s'occupait pas de l'en tirer, et qu'il le ferait bien sortir s'il le voulait. Je pris cela pour un bruit de quartier, et *M. Leclanché ne me fut pas désigné comme ayant tenu ce discours*. J'AI PU LE PENSER, MAIS C'ÉTAIT DE MOI-MÊME.

Même réquisition : D. M. Leclanché vous a-t-il dit qu'il était satisfait des dispositions du testament de 1849?

R. Je suis resté huit à dix jours dans sa maison ; nous mangions ensemble ; il me paraissait très-satisfait, plein de joie, et *je crois* pouvoir affirmer qu'il m'a dit expressément qu'il était content du testament : nous nous entretenions de l'état des choses qui en résulterait, et toujours il en manifestait une entière satisfaction.

choses, QUE NOTRE COUSIN S'EN TROUVERA BIEN et ses intérêts aussi ; — veuillez continuer, puisque vous êtes en bon chemin... »

Autre lettre de M. Persac à M. Leclanché :

« Fécamp, le 8 juillet 1854. »

« Mon cher cousin, je reçois votre amicale qui me donne de vos nouvelles et de mon cousin Narcisse qui va toujours assez bien. Nous voyons que le tout petit cousin fait une petite maladie qui, probablement, n'ira pas loin. Tout cela vous donne bien des tracas avec *un emménagement à l'Isle-Adam.* — Nous vous remercions également de votre bonne invitation pour aller vous voir, etc.

Lettre du docteur Dupuy à M. Leclanché.

« Isle-Adam, le 21 août 1856.

« Mon cher monsieur Leclanché,

« Vous m'écrivez qu'on a plaidé que M. Devilleneuve, votre oncle, est mort étouffé par vos soins ou faute de soins. (*Plaidoirie* de M. Chaix-d'Est-Ange.)

« Je ne saurais affirmer assez haut que cette accusation, contre vous, est complètement fausse, car je vous ai vu entourer constamment M. votre oncle de soins et d'attentions. Lors de son arrivée à l'Isle-Adam, vous vîntes me prier d'aller le voir aussi souvent que je le jugerais convenable et utile, quoique, dans ce moment, il n'éprouvât d'autre dérangement dans sa santé qu'une certaine altération dans les facultés intellectuelles.

« Lors de votre départ pour l'Allemagne, où vous alliez conduire vos enfants, vous me recommandâtes avec instance d'aller voir tous les jours M. Devilleneuve, pendant toute la durée de votre absence, ce que je fis avec exactitude.

« A partir du moment où il éprouva la dernière attaque d'apoplexie, je lui fis trois à quatre visites par jour. J'affirme aussi que vos domestiques ne cessèrent pas un instant de l'entourer de soins assidus pendant toute la durée de sa maladie. En sorte que M. Devilleneuve est mort, non pas faute de soins, mais bien par suite d'une attaque d'apoplexie survenue sur un cerveau malade depuis longtemps.

« Recevez, etc.

« DUPUY,
« D.-m.-p. »

À la requête de M· Marin :

D. Quand on est parti de la maison de santé, M. Devilleneuve aîné n'a-t-il pas déclaré sa volonté de conduire son frère dans la maison d'une femme nommée *Gatherot ou Gotherot?*

R. J'AFFIRME QU'IL N'EN A ÉTÉ NULLEMENT QUESTION (1).

Même réquisition : D. Leclanché, soit par lettre, soit de vive voix, ne vous a-t-il pas déclaré que M. Devilleneuve aîné avait fait des efforts pour soustraire le testament, notamment en allant avec M. Narcisse le demander à son notaire?

R. Oui, M. Leclanché m'a même conduit chez le notaire et chez M. Ancelle à ce sujet; on s'est expliqué, et il fut établi pour moi que M. Devilleneuve aîné désirait prendre connaissance du testament, mais non pas de le faire remettre (2).

À la requête de maître Marin :

D. Ne vous êtes-vous pas plaint chez MM. Blanché et Ancelle que M. Devilleneuve aîné eût commis à votre égard un abus de blanc-seing?

R. *Je n'en ai aucun souvenir*, je n'ai signé qu'un simple pouvoir à l'avoué pour demander l'interdiction. La requête à fin d'interdiction contient, il est vrai, l'énonciation que les faits d'interdiction remontent à près de vingt-cinq ans ; cela a été également dit dans la délibération du conseil de famille, et JE CROIS *pour moi que le fait est exact.* Je n'ai aucun autre souvenir (3).

À la réquisition de M. Devilleneuve aîné :

D. La domestique ne vous a-t-elle pas dit que son maître souffrait d'être enlevé de Neuilly et mené à la campagne?

(1) Le docteur Rota, médecin de la maison de santé, dépose :

« Il y eut une scène lors du départ de M. Narcisse. M. Leclanché voulait entrer dans la même voiture que les personnes (*M. Devilleneuve aîné et M. Persac*) qui l'emmenaient; elles s'y refusèrent en disant qu'elles ne le conduisaient pas chez lui, mais CHEZ MADAME GATHEROT. *Ces deux personnes étaient fort animées.* »

(2) M. Blanché, notaire, dépose :

« JE CRAIGNAIS QUE LE TESTAMENT UNE FOIS SORTI DE MES MAINS N'Y RENTRAT PLUS. *M. Narcisse me paraissait agir sous la pression de son frère et n'avoir point son libre arbitre.* »

(3) Lettre de M. Persac à M. Leclanché :

« Monsieur et cher cousin, j'ai bien reçu v/ amicale du 24 courant, qui m'entretient sur tout ce qui s'est passé à l'occasion de notre malheureux parent. *Certainement je pourrai toujours protester en temps et lieux que l'on m'a fait dire ce qui n'est pas* EN ABUSANT DE MA SIGNATURE QUE J'AVAIS DONNÉE EN BLANC. Nous reviendrons sur ce chapitre quand il le faudra.

« Fécamp, le 28 novembre 1853. »

R. Elle m'a dit que M. Narcisse pleurait lors de son départ, qu'il était chagrin et qu'il lui avait dit : « *Ma pauvre fille, ne m'abandonnez pas; ils veulent me faire mourir pour avoir ma fortune* (1). »

5ᵉ *Témoin.* — Mˡˡᵉ PERSAC (BÉRÉNICE), demeurant à Fécamp, laquelle a déclaré être cousine-germaine de M. Devilleneuve et n'être au service des parties, et à l'instant Mᵉ Marin a déclaré reprocher le témoin non-seulement en raison de son degré de parenté, mais encore en raison de sa partialité annoncée déjà par le précédent témoin, et *encore en raison des démarches faites par lui pour influencer la fille Eulalie, témoin cité.* Et a signé.

Sur quoi, nous, juge-commissaire, avons ordonné et ordonnons que sauf la décision ultérieure à intervenir sur le reproche s'il y a lieu, le témoin sera entendu en sa déposition. Et avons signé avec le greffier.

Le témoin dépose de la manière et ainsi qu'il suit :

Au mois de mai 1853, je vins à Paris avec ma mère et mon frère. Ma mère et moi nous allâmes à Neuilly pour voir M. Narcisse. Nous apprîmes qu'il était dans une maison de santé et que son frère cherchait à l'y maintenir; nous en fîmes part à mon frère. — Nous allâmes le voir le jour même de sa rentrée, il était visiblement contrarié par la vue des scellés et comme absorbé.

JE NE LE REVIS PLUS, *j'ai seulement entendu raconter les faits qui se sont passés.*

En 1855, je revins à Paris, et je fus voir Eulalie, qui avait été sa domestique. Comme je lui avais beaucoup recommandé son maître, dont l'état exigeait les plus grands soins, je lui demandai comment elle avait pu l'abandonner dans le moment où elle était le plus nécessaire. Elle me dit que c'était M. Leclanché qui l'avait forcée de s'en aller, qu'il ne pouvait pas la souffrir, qu'à son départ (2) M. Narcisse avait pleuré et lui disait : « *Ma pauvre fille, ne m'abandonnez pas*, M. Leclanché *me fait mourir pour avoir ma fortune* (3). » M. Leclanché est venu nous voir à Fécamp. Nous avons causé du testament qui a été déposé, on en connaissait les dispositions parce qu'il en avait parlé AVANT ou DEPUIS.

(1) Démenti énergique d'Eulalie.

(2) Mademoiselle Persac place cette odieuse fable au moment du congédiement d'Eulalie, de son départ de l'Isle-Adam, le 18 juin. M. Persac l'a placée au jour où M. Narcisse partit de Neuilly pour l'Isle-Adam, le 18 mai.

(3) Démenti énergique d'Eulalie.

M. Leclanché paraissait très-satisfait de ses dispositions, il les approuvait très-formellement et ne nous a pas donné lieu de croire qu'il fût en possession d'un autre testament; je n'ai pu croire à son existence, mon *cousin aimait trop son frère* (1) pour lui faire une si grande injustice.

A la réquisition de M. Leclanché :

D. Avez-vous connaissance d'une scène que j'eus à la maison de santé avec M. Devilleneuve aîné, qui voulait emmener M. Narcisse chez une femme Gautherot?

R. Je n'ai aucune connaissance du motif que vous donnez à la scène, et j'affirme que mon frère m'a rapporté que vous avez fait une scène violente motivée par la crainte que vous aviez que le testament ne fût soustrait (2), vous aviez peur que quelqu'un ne passât à travers les murailles.

6ᵉ *Témoin.* — PUTEL (PIERRE-ACHILLE), docteur médecin, demeurant à Neuilly, dépose :

J'étais, depuis 1842, le médecin de M. Narcisse à cause des soins qu'exigeaient les congestions cérébrales auxquelles il était sujet, et qui provenaient surtout d'une nourriture trop abondante. Je l'ai vu dans la maison de santé, et *à son retour,* raisonnant bien sur certaines matières et *très-mal sur d'autres.* J'ai fait partie du conseil de famille qui donna son avis sur les questions principales et particulièrement sur sa résidence, qui dut être maintenue à Neuilly. J'ai appris qu'il avait été transféré à l'Isle-Adam.

D. d'off. Avez-vous été consulté avant la translation à l'Isle-Adam?

(1) « Je lègue à mon frère, moitié en usufruit pour la transmettre *à qui de droit,* et entendant par là *limiter* ses droits dans ma succession comme héritier. » (*Extrait* du testament de 1849 *non attaqué.*)

(2) Déposition Potheau, commis-greffier assermenté de la justice de paix :

« D. Un jour, très-peu de temps après la levée des scellés, vous m'avez félicité du dépôt du testament, vous rappelez-vous ce que je vous ai répondu?

« R. M. Leclanché m'a répondu que *l'existence de ce testament l'intéressait peu,* et il ajouta (je me rappelle ses propres paroles) : J'EN AI UN, en portant sa main sur sa poitrine. »

Déposition Rota, médecin de la maison de santé :

« Il y eût une scène lors du départ de M. Narcisse. M. Leclanché voulait entrer dans la même voiture que les personnes (MM. *Devilleneuve aîné et Persac*) qui l'emmenaient; elles s'y refusèrent en disant qu'elles ne le conduisaient pas chez lui, mais chez MADAME GATHEROT. *Ces deux personnes étaient fort animées.*

R. Je n'ai point été invité à émettre un avis auparavant; mon avis aurait été contraire (1).

D. d'off. Croyez-vous que cette mesure fût accompagnée de dangers?

R. Je l'ai trouvée extrêmement grave, parce qu'il était possible qu'on se méprît sur les symptômes qui pouvaient survenir. Cette crainte m'avait guidé dans les délibérations du conseil de famille. Je portais à M. Narcisse un véritable intérêt; j'avais été trois ans son locataire, et il avait eu pour moi de très-bons procédés.

A la requête de M⁰ Belland :

D. Savez-vous pourquoi le conseil de famille a statué expressément sur la question de déplacement?

R. D'abord je m'y serais opposé dans l'intérêt de M. Narcisse au point de vue de sa santé; mais il y eût eu un autre motif : M. Leclanché insistait pour cette translation en disant qu'il y serait plus sainement et que lui-même, M. Narcisse, en avait le désir. Nous allâmes alors, avec l'adhésion du conseil, M. le juge de paix et moi, trouver M. Narcisse. Sa réponse sur les deux questions qui lui furent posées, celle du choix du tuteur et celle du déplacement, fut parfaitement catégorique : *il déclara formellement qu'il voulait avoir pour tuteur M. Leclanché*, PARCE QUE, dit-il, IL EST LE PÈRE DE MES PETITS-NEVEUX QUI RECUEILLERONT MA FORTUNE. Quant au déplacement, il dit qu'il voulait être maintenu dans sa propriété de Neuilly; il dit même qu'il y avait vécu et qu'il voulait y mourir. Je suis sûr de l'exactitude de ces paroles et de mes souvenirs. A la réunion du conseil de famille qui eut lieu après cette translation, il fut question de cette mesure. *Je ne me rappelle pas que le conseil de famille s'en soit expliqué* (2); mais, pour moi, je ne pouvais que blâmer cette détermination, je trouvais même qu'il était blessant que cette détermination eût été prise sans que le conseil eût été consulté.

(1) Contre-enquête. Déposition de madame Putel :

« D. *L'un de vos fils* n'est-il pas parti avec M. Narcisse Devilleneuve?

« R. Oui, monsieur, on m'en avait prévenue quelques jours d'avance. Il y est resté environ trois semaines. J'ai été l'y reprendre moi-même. »

Enquête. Déposition d'Eulalie Gresset :

« Le fils de M. Putel, médecin, partit avec nous et nous resta environ trois semaines. »

(2) « Le conseil... est d'avis, à l'unanimité des voix, la nôtre comprise, d'approuver, comme en effet il approuve, la translation momentanée. » (*Extrait du procès-verbal du conseil de famille signé par le témoin.*)

D. d'office. Depuis la translation, avez-vous été appelé ou consulté sur l'état de M. Devilleneuve?

R. Non; mais je trouve qu'il était naturel que l'on ne me consultât pas.

Le témoin reprend sa déposition :

Quand le conseil de famille était réuni, M. Leclanché dit qu'il avait le projet de renvoyer la domestique Eulalie, qui administrait mal. M. Devilleneuve aîné s'était également plaint de l'administration de cette fille, lors de la réunion du premier conseil.

7ᵉ *Témoin.* — GRESSET (Eulalie), domestique, demeurant à Neuilly, dépose :

Qu'après la disparition de monsieur Narcisse, c'est elle qui a fait prévenir M. Devilleneuve aîné, puis M. Leclanché, qu'elle a, le dimanche suivant, *invité* M. Leclanché *de rester à dîner avec son petit garçon; il n'est pas venu dîner aucun autre jour.*

J'étais au service de M. Devilleneuve depuis vingt-trois ans, il m'avait dit qu'il avait pensé à moi dans son testament, mais il ne m'a pas fait connaître le chiffre de sa disposition. *Je n'ai entendu dire qu'après la levée des scellés ce que contenait ce testament.*

Les *clefs des meubles avaient été emportées par monsieur Narcisse lorsqu'il sortit pour la dernière fois avant son arrestation,* et elles *n'ont reparu,* à ma connaissance, *que le jour de la levée des scellé* J'étais fort préoccupée de la clef de l'armoire, et j'appris avec plaisir qu'elle était retrouvée, Monsieur l'ayant emportée avec lui.

Je fus prévenue du départ pour la campagne huit jours environ avant qu'il eut lieu, je ne sus pas que ce fût autre chose qu'un court séjour, je ne croyais pas qu'il s'agit d'y demeurer; *un mois après*, je fus congédiée, nous partîmes le 18 *mai* 1854. Je fus congédiée le 18 juin suivant.

Le fils de M. Potel, médecin, partit avec nous et nous resta environ trois semaines.

M. Narcisse n'était pas mal; je l'accompagnais deux fois par jour dans ses promenades; je ne le laissais jamais sortir seul. C'est M. Leclanché qui m'a congédiée. M. Narcisse, en voyant arriver deux domestiques qui devaient me remplacer, me demanda ce que c'était. Je lui fis connaître alors le congé qui m'avait été donné, *par le motif qu'il était nécessaire d'économiser.* (1) Il ne voulut pas que je partisse, et on lui a fait des histoires pour lui déguiser mon départ. *Je suis partie en évitant de le revoir, de peur de lui faire de la peine.*

A la requête de Mᵉ Marin, avoué :

D. M. Devilleneuve aîné ne s'est-il pas plaint de ce que le témoin avait averti M. Leclanché de la disparition de son frère, en disant que cela ne le regardait pas?

R. M. Devilleneuve aîné avait entendu dire qu'on l'accusait d'avoir fait arrêter son frère, il me l'a dit *et m'a reproché d'avoir fait prévenir M. Leclanché de la disparition de son frère;* j'ai complétement nié que je fusse l'auteur du propos dont il s'agit. Le propos partait à ce que je crois de la maison de santé.

A la requête de M. Devilleneuve aîné :

D. Comment a été réglée la pension qui vous a été léguée et qui était de 600 fr. par le testament de 1849, et seulement de 400 fr. par le testament contesté?

R. J'ai reçu 400 fr. pour les soins (*sic*) et 200 fr. pour les soins donnés à l'enfant; je les touche toujours et les recevrai tant que M. Leclanché le voudra.

D. d'of. Y a-t-il quelques conventions écrites et spéciales à ce sujet?

R. Non, Monsieur, j'ai la parole de M. Leclanché et j'y ai confiance.

(1) « En ce qui touche la *dépense annuelle* de M. *Devilleneuve et de sa maison,* le conseil, après avoir délibéré, est d'avis, à l'unanimité des voix, de la fixer à la somme *cinq mille* francs, que le tuteur devra employer à *tous les besoins de l'interdit.* (Conseil de famille du 10 décembre 1853.)

Sous l'administration provisoire de M. Ancelle, la dépense *pour la table seule* faite pour Eulalie, s'est élevée en 4 mois et 9 jours à 1,651 fr., c'est-à-dire à 387 fr. par mois, soit 4,664 fr. par an. Il ne restait donc qu'une somme insuffisante (336 fr.) pour payer les gages d'Eulalie (400 fr.) et *rien pour tous les besoins de l'interdit et de sa maison.*

Sous la tutelle, cette même dépense faite par Eulalie s'est élevée, en 5 mois et 6 jours, à 2,009 fr., c'est-à-dire à 367 fr. par mois, soit 4,404 fr. par an. Les gages d'Eulalie (400 fr.) et la table payés, il restait donc 196 francs *pour tous les besoins de l'interdit et de sa maison.*

CONTRE-ENQUÊTE

1er *témoin.* — TOPINARD (Auguste), 45 ans, négociant, demeurant à Château-Thierry, dépose :

J'étais un jour à l'Isle-Adam, prenant l'air derrière la propriété de mon père, en un lieu dit : la promenade des marronniers ; j'aperçus mon ami M. Leclanché qui lisait avec la plus grande attention un petit papier *du format d'une feuille de papier timbré.* Je lui dis, en remarquant en lui un air de jubilation qui me frappa : Qui donc te rend si heureux? — Il me répondit : C'est qu'il y a encore des oncles d'Amérique. Ce papier assure l'avenir de mes enfants.

D. d'off. *A quelle époque cette rencontre eut-elle lieu?*

R. CE FUT DANS LE COURANT DE MARS 1853. — Je remarquai que M. Leclanché replaçait le testament dans son enveloppe et qu'il le froissait beaucoup, mouvement que j'attribuai à la joie qu'il paraissait éprouver.

A la réquisition de M. Leclanché :

D. L'enveloppe a-t-elle été plutôt déchirée que froissée?

R. Plutôt déchirée par le mouvement que faisait M. Leclanché pour introduire la pièce dans l'enveloppe.

2e *témoin.* — HERNU (Achille-Louis), 58 ans, docteur en médecine, maire de la commune de Jouy-le-Comte, demeurant à Parmain, dépose :

Je ne sais personnellement rien touchant les faits articulés.

A la réquisition de M. Leclanché :

D. M. Narcisse Devilleneuve se promenait-il librement, de manière qu'on ne puisse dire qu'il y avait séquestration, mais bien un état de liberté absolue?

R. Je ne connaissais pas M. Devilleneuve; je ne lui ai jamais parlé;

je l'ai rencontré se promenant, *soit seul*, soit avec un domestique ou une femme à son service.

3ᵉ *Témoin.* — DUPUY (BLAISE), cinquante ans, docteur en médecine, demeurant à l'Isle-Adam, dépose :

J'ai été appelé à donner des soins à M. Narcisse Devilleneuve, depuis son arrivée à Parmain. — M. Leclanché m'en avait prié dès son arrivée. Il me parut dans un état de santé assez bon, sauf quelque trouble dans ses facultés intellectuelles. Il manquait presque totalement de la mémoire des lieux et du temps. Je l'ai vu se promener dans tous les environs toujours accompagné d'un domestique ou de la femme à son service, et quelquefois avec les deux enfants de M. Leclanché ; un troisième enfant (1) pouvait les accompagner dans la première quinzaine.

A la réquisition de Mᵉ Belland :

D. M. Devilleneuve (Narcisse) n'est-il pas mort des suites d'une indigestion causée par un défaut de surveillance ?

R. Il était impossible d'éviter ce qui est arrivé. — *Aucun défaut de surveillance n'est à reprocher.* M. Narcisse de Villeneuve entrait dans de violentes colères quand on refusait ce qu'il désirait, et les domestiques se trouvaient dans la nécessité de le laisser faire. Par exemple, quand il s'agissait de café, il demandait avec beaucoup d'insistance, mais ils refusaient tant qu'ils le pouvaient, parce que j'avais expressément défendu qu'on lui en donnât ; ils sont même venus me dire qu'il en demandait absolument, et je faisais des efforts pour l'en détourner.

A la réquisition de M. Leclanché :

D. M. Narcisse était-il dans des conditions satisfaisantes de logement, de site et de soins ?

R. Il était impossible d'être mieux pour le logement et le site, et M. Narcisse m'a paru recevoir les soins convenables.

A la réquisition de Mᵉ Belland :

D. En l'absence de M. Leclanché, n'est-il pas vrai que M. Narcisse était livré aux soins des domestiques seulement ?

R. M. Leclanché est venu m'avertir avant son départ qu'il serait absent environ huit jours et qu'il me priait de venir *aussi souvent que je le jugerais convenable.* Il est vrai qu'il n'est resté auprès de lui que les deux domestiques et un enfant (2).

(1) Le fils de M. Putel, médecin.
(2) Voir page 22, la lettre de M. le docteur Dupuy.

4ᵉ Témoin. — ROTA (JACQUES), trente-sept ans, docteur en médecine, demeurant à Paris, rue Picpus, 90, dépose :

Quand M. Narcisse a été amené à la maison de santé, en vertu d'un ordre de M. le préfet de police, il était dans un éclat complet de démence. Il se passa deux jours avant qu'il me fût possible de savoir de lui l'adresse des personnes de sa famille ; il me donna notamment celle de son frère. — Son frère vint, et M. Narcisse Devilleneuve réclamant divers objets à son usage, *je remis à M. Devilleneuve aîné les clefs de divers meubles de l'appartement de M. Narcisse.*

IL Y EUT UNE SCÈNE LORS DU DÉPART DE M. NARCISSE. M. Leclanché voulait entrer dans la même voiture que les personnes qui l'emmenaient. Elles s'y refusèrent en disant qu'elles *ne le conduisaient pas chez lui, mais* CHEZ MADAME GATHEROT. *Ces deux personnes étaient fort animées.*

Le témoin ajoute : Je ne croyais pas que le malade fût en état d'être rendu à la liberté, mais cependant ce n'était pas un homme dangereux.

5ᵉ Témoin. — M. DALICAN (AUGUSTIN), quarante-six ans, rentier, demeurant à Paris, dépose :

AU MOIS DE MARS 1853, VERS LE QUINZE, M. Leclanché vint me prier d'être dépositaire d'un testament fait par M. Narcisse Devilleneuve ; — il me pria d'en prendre connaissance, il n'était point sous enveloppe. Je lui demandai s'il existait plusieurs originaux de ce testament, et sur sa réponse négative, je refusai de me charger de ce dépôt, craignant qu'il ne fût égaré ou détruit par accident. Au mois de mai suivant, un dimanche, étant à Charenton, chez M. Bleynie, médecin honoraire de la maison impériale de Charenton, il arriva un peu tard et me dit qu'il venait de la maison de santé de la rue de Picpus, n° 90, où il avait été retenu par un singulier malade qui avait la crise qu'on appelle le *tournis.* Ce malade était M. Narcisse Devilleneuve. A ce nom, j'exprimai combien cette nouvelle m'intéressait, M. Narcisse Devilleneuve étant l'oncle de M. Leclanché dont les enfants étaient les seuls héritiers de M. Narcisse. M. Bleynie m'invita à écrire, mais comme c'était un dimanche (1), je ne pus le faire que le lendemain matin. J'ajoute que *je dis à M. Bleynie que j'avais lu le testament qui instituait les en-*

_____

(1) 15 mai. Voir, page 11, la lettre du 16 mai.

fants seuls héritiers, et je crois me rappeler que, ce même soir, il fut question de ces mêmes faits devant M. Nouguier, conseiller à la Cour de cassation.

A la réquisition de M⁰ Marin :

D. Le témoin n'a-t-il pas été prévenu avant la translation de M. Narcisse à Parmin, et que s'est-il passé dans le conseil de famille à ce sujet ?

R. Oui, M. Leclanché m'a prévenu avant la translation ; il m'a dit que la réunion du conseil de famille était retardée par la difficulté d'indiquer un jour, et que l'époque utile des travaux arrivait. *Dans le conseil de famille où j'assistais comme mandataire de M. Persac, on pensa que les travaux étaient utiles, et que M. Leclanché avait bien fait de transférer M. Narcisse.*

A la réquisition de M⁰ Belland :

D. N'aviez-vous pas d'autres motifs de refus que celui que vous avez allégué ci-dessus ?

R. J'avais répondu que j'avais refusé, outre le motif ci-dessus indiqué, parce que je n'étais pas certain de rester en France, ayant le projet d'aller rejoindre mon frère au Mexique.

Même réquisition :

D. Que vous rappelez-vous du testament ?

R. Je crois me rappeler qu'il y avait un testament et ensuite un *codicille* sur la même feuille, et qu'indépendamment de la disposition au profit des enfants, il y avait un legs d'un petit usufruit de *quelques actions* au profit de M. Devilleneuve aîné. *J'ai été surtout frappé de la disposition universelle en faveur des enfants.* Je ne me rappelle pas du tout la date du testament.

A la réquisition de M. Devilleneuve aîné :

D. Vous rappelez-vous quelle était la forme du papier qui vous était présenté ?

R. Je ne me rappelle rien à cet égard. J'ignore même si c'était du papier timbré, et si la feuille était simple ou double.

Même réquisition :

D. Vous rappelez-vous ce que contenait le codicille que vous avez remarqué ?

R. Je crois, sans oser l'affirmer, que c'était une *disposition pour le cas de prédécès d'un des enfants*, mais mes souvenirs sont très-confus.

6ᵉ *Témoin.* — TELLIER (Émile), trente-huit ans, ancien principal clerc de notaire, demeurant à Ruel, dépose :

VERS LE MOIS D'AVRIL OU AU COMMENCEMENT DE MAI 1853, dans le temps des premières représentations de l'Hippodrome (1), M. Leclanché m'a dit que M. Narcisse Devilleneuve lui avait remis *à l'issue d'un conseil de famille qui l'avait nommé lui*, M. *Narcisse Devilleneuve, subrogé-tuteur des mineurs Leclanché*, un testament qui contenait une *disposition principale en faveur de ses enfants.* Il ne me parla d'aucune des autres dispositions. *Jusqu'au mois de novembre suivant, il en fut question entre nous à plusieurs reprises.* Je n'ai pas vu ou tenu le testament.

A la réquisition de M. Leclanché :

D. N'avez-vous pas donné le conseil à M. Leclanché de déposer ce testament chez un notaire, et vous rappelez-vous quelles raisons M. Leclanché vous a données pour ne pas faire le dépôt chez un notaire ?

R. J'ai pu, étant clerc de notaire, donner le conseil d'en faire le dépôt, mais je n'en ai aucun souvenir.

7ᵉ *Témoin.* — POTHEAU (Louis), trente-cinq ans, commis greffier de la justice de paix de Neuilly, y demeurant, dépose :

J'ai assisté à l'apposition et à la levée des scellés ; — j'ai su qu'un testament avait été déposé à M. Blanché, notaire ; mais je n'ai point assisté à ce dépôt ; — j'ai assisté aux réunions du conseil de famille.

A la réquisition de M. Leclanché :

D. Un jour, *très-peu après la levée des scellés*, vous m'avez félicité du dépôt du testament, vous rappelez-vous ce que je vous ai répondu ?

R. M. Leclanché m'a répondu que *l'existence de ce testament l'intéressait* peu, — et il ajouta — (je me rappelle ses propres paroles) : « J'EN AI UN », en portant sa main sur sa poitrine.

8ᵉ *Témoin.* — CHATARD (Eugène), cinquante-un ans, propriétaire, demeurant à Paris, rue de Rivoli, dépose :

— Je suis lié depuis longtemps avec toute la famille. — LORSQUE

(1) « Je soussigné certifie que la première représentation de l'Hippodrome a été donnée le 1ᵉʳ mai 1853, en foi de quoi j'ai délivré le présent.

« *Signé :* Arnault aîné,
Directeur de l'Hippodrome. »

M. Narcisse Devilleneuve FUT MIS par ordre de M. le Préfet de police
DANS UNE MAISON DE SANTÉ, je témoignai à M. Leclanché tout l'intérêt que je portais à M. Devilleneuve, et je fus même avec lui visiter le
malade. — J'exprimai aussi à M. Leclanché l'intérêt que je portais à ses
enfants pour qui je désirais que M. Leclanché fût rassuré quant aux dis-
potions de M. Narcisse Devilleneuve. —*M. Leclanché me dit qu'il était
tranquille, que M. Narcisse lui avait remis un testament qui était tout
à fait favorable à ses enfants et qu'il en avait fait le* DÉPOT ENTRE
LES MAINS DE M. TRIPIER ; — je crois que c'est M. Léon, c'est du
moins celui qui a fait bâtir une maison place Vintimille; *M. Leclanché
me dit que ce testament était d'une* DATE RÉCENTE.

9ᵉ *Témoin.*— TRIPIER (JEAN-LÉON), quarante-trois ans, ancien garde
des archives et du domaine privé du roi, demeurant place Vintimille.

Et à l'instant Mᵉ Belland a déclaré récuser le témoin, comme intime
ami de M. Leclanché et se trouvant dans l'un des cas prévus par le
deuxième paragraphe de l'art. 283 du Code de procédure civile.

Attendu que dans les plaidoiries qui ont déjà eu lieu devant le
tribunal, la partie de Mᵉ Marin s'est prévalue contre la partie de
Mᵉ Belland, d'une mention abrégée, écrite au crayon en lettres initiales
sur une enveloppe décachetée qui aurait servi, prétend-elle, à renfermer
des papiers de famille et notamment le testament contesté; que cette
mention ainsi conçue du 8 février 1852 et 5 mars 1853 déposé par
M. Leclanché aux mains de M. Tripier; que cette mention ainsi conçue :
— Mars 53 (T. D. M. D. V.) se prête à deux interprétations, la première,
très-naturelle, comme énonçant la date du testament déposé, qui est
en effet de mars 1853; la deuxième, moins naturelle, comme ayant
pour objet d'indiquer l'époque où ce dépôt aurait été fait.

Attendu que la partie de Mᵉ Belland ignore quelle interprétation le
témoin qui va être entendu donnera à cette mention ; mais attendu que
dans les plaidoiries la partie de Mᵉ Marin a présenté cette mention
comme indiquant la date du testament contesté en mars 1853, et que la
partie de Mᵉ Belland s'est crue et se croit encore, dans cette hypothèse,
(*sic*) à soutenir que cette mention ainsi interprétée, ne serait qu'une attes-
tation plus ou moins directe donnée par complaisance ou inadvertance
sur l'un des faits du procès et par conséquent un certificat rentrant
dans les termes du paragraphe de l'art. 283 précité, Mᵉ Belland a requis

qu'il lui fût donné acte de la récusation provisoire ou conditionnelle qu'il se voit dans la nécessité de proposer en ce moment contre le témoin, sauf à maintenir ou abandonner ultérieurement ladite récusation.

Et à l'instant Mᵉ Marin a déclaré qu'il proteste contre cette récusation, attendu que la pièce dont on parle n'est pas un certificat fourni pour le procès, mais l'enveloppe même dans laquelle M. Tripier avait cru devoir enfermer le testament et codicille dont le dépôt lui était confié...

Ledit témoin Léon TRIPIER dépose :

— EN 1853, je ne puis préciser le jour, MAIS AVANT LE TERME D'AVRIL, M. Leclanché me pria de recevoir en dépôt un testament de M. Narcisse Devilleneuve. *J'acceptai.* Je le mis sous enveloppe que je cachetai et j'y inscrivis au crayon une petite note abrégée qui indiquait, dans mon intention, d'une part, la date du testament, d'autre part, que le contenu appartenait à M. Leclanché.

L'ANNÉE SUIVANTE, M. Leclanché m'écrivit à Saint-Germain pendant que j'étais à Honfleur pour me prier de lui remettre le dépôt qu'il m'avait fait.

Je suis revenu à Paris et j'ai remis cette pièce à M. Leclanché. — J'AI LU LE TESTAMENT ; la disposition principale était en faveur des enfants de M. Leclanché ; — il y avait aussi une disposition d'usufruit en faveur de M. Devilleneuve aîné. — Je crois qu'elle portait sur des *actions de Journal de jurisprudence*, mais mes souvenirs sur ce point ne sont pas certains, je n'ai lu que superficiellement. — Il y avait un testament et UN CODICILLE sur la même feuille, je crois, mais mes souvenirs ne sont pas certains que le codicille contenait ou la disposition relative à M. Devilleneuve aîné ou une *disposition pour le cas où l'un des enfants survivrait à l'autre.* Le testament m'a été remis sans enveloppe ou du moins je ne me le rappelle pas. Celle sur laquelle j'ai écrit les mentions est une enveloppe que j'ai mise moi-même et que j'ai cachetée à Saint-Germain.

A la réquisition de Mᵉ Marin : D. Ne vous rappelez-vous pas que vous avez vous-même engagé M. Leclanché à cacheter l'enveloppe dans laquelle se trouvait le testament qu'il vous remettait ?

R. J'ai un vague souvenir d'avoir demandé à M. Leclanché que la pièce qu'il me remettait me fût remise cachetée. C'est moi certainement qui ai mis l'enveloppe qu'on représente aujourd'hui. Je reconnais positivement mon format habituel, mais je ne me rappelle point du tout que, lorsque le testament me fut remis, il fût pourvu d'une enveloppe.

Je ne me rappelle pas non plus si le testament était sur une feuille simple ou double, ni s'il était sur papier timbré.

10ᵉ *Témoin.* M. BURDIN, trente-sept ans, avoué à Paris.

Mᵉ Belland déclare récuser le témoin, à raison de son degré de parenté avec M. Leclanché (son oncle).

Mᵉ Marin ne fait aucune observation.

Le susdit témoin dépose :

Dans les premiers jours de mai 1853, M. Leclanché, mon oncle, vint chez moi d'assez grand matin, il me fit part de ce que M. Narcisse Devilleneuve avait disparu; il voulait aller à la préfecture de police, et, comme les bureaux n'étaient pas encore ouverts, il attendit chez moi l'heure d'ouverture. Dans la conversation, il me demanda quel serait le sort du testament de M. Devilleneuve, s'il était frappé d'interdiction. Je lui répondis que le testament deviendrait alors définitif, à moins que plus tard le malade ne fût relevé de l'interdiction et n'acquît par là le pouvoir d'en faire un autre. Mon oncle m'a dit qu'il savait qu'il y avait un testament en faveur de ses enfants. Dans le cours de la conversation, *il me parla aussi de M. Tripier,* A L'OCCASION DU TESTAMENT, mais je ne puis pas affirmer qu'il m'ait dit que M. Tripier fût dépositaire du testament.

11ᵉ *Témoin.* Mᵐᵉ PUTEL, trente ans, rentière, demeurant à Neuilly.

A la réquisition de Mᵉ Marin.

D. *L'un de vos fils n'est-il pas parti avec M. Narcisse Devilleneuve pour l'Isle-Adam ?*

R. Oui, monsieur, on m'avait prévenue quelques jours d'avance. Il y est resté environ trois semaines. J'ai été l'y reprendre moi-même.

12ᵉ *Témoin.* — Élisa LANCEREZ, vingt-sept ans, demeurant à Paris, dépose :

J'étais au service de M. Putel lorsque l'enfant fut envoyé à l'Isle-Adam pour rejoindre M. Narcisse Devilleneuve. Il y passa quinze ou vingt jours.

Mᵉ Marin, au nom de M. Leclanché, déclare renoncer à l'audition des sept derniers témoins.

1° M. ANCELLE; 2° M. BERNIER; 3° M. HENRI PUTEL; 4° M. MESTRAL; 5° M. BLANCHÉ; 6° M. TAVERNIER; 7° M. GUEBHARD.

JUGEMENT

Sur le moyen de nullité résultant de la fausseté de date du testament olographe du 8 février 1852 et 5 mars 1853;

Attendu, en droit, que le testament olographe, pour être valable, doit avoir une date certaine, véritable et non pas une date fausse et supposée qui, non-seulement le laisserait sans date, mais qui surtout aurait pour objet de faire fraude à la loi, en faisant échapper le testateur à l'incapacité dont il était frappé au moment où il a fait son testament; que si le testament olographe peut faire foi de son côté, c'est lorsqu'il émane d'une personne morte dans la plénitude de sa capacité civile, mais qu'il doit en être autrement s'il est l'œuvre d'une personne frappée d'interdiction, et surtout s'il est attaqué pour cause de captation et de suggestion; que dans ce cas, *c'est au légataire universel qu'incombe le devoir d'établir d'une manière certaine et incontestable que le testament dont il réclame l'exécution est antérieur à l'époque où le testateur a été frappé d'incapacité, et que si cette preuve n'est point entière,* IL SUFFIT QU'IL Y AIT PLACE AU DOUTE POUR L'INTERPRÉTER CONTRE LE TESTAMENT ATTAQUÉ (1); que s'il en était autrement, il serait trop facile de se jouer d'une interdiction prononcée par justice, en faisant souscrire après coup, à un interdit, des actes antidatés remontant à une époque antérieure à son interdiction;

Attendu que dans l'espèce, l'interdiction de Narcisse Lemoine Devil-

---

(1) TROPLONG. — *Traité des testaments et don.*, t. 3, page 413 et suiv., n° 1492.

« LE TESTAMENT OLOGRAPHE FAIT FOI DE SA DATE. Il est en effet tout aussi solennel
« que le testament authentique, en ce sens qu'il porte avec lui la preuve de ce qu'il con-
« tient. C'est une véritable loi qui commande à l'avenir. Le testateur est placé, en quelque
« sorte, à la hauteur d'un officier public qui imprime la certitude à l'acte dont il est le
« ministre. *C'est pourquoi, si la date du testament olographe est antérieure à l'inter-
« diction du testateur,* on ne sera pas *fondé à soutenir qu'il a été antidaté, à moins que
« des preuves certaines de cette antidate ne soient administrées.* C'est pourquoi, encore,
« dans le concours d'un testament authentique et d'un testament olographe postérieur qui
« le révoque, on se tiendra à ce dernier testament comme faisant foi de son contenu. A la
« vérité, l'écriture du testament olographe est sujette à vérification, ainsi que nous le dirons
« plus bas, n° 1498; mais une fois reconnue, elle fait preuve entière. La loi serait en con-
« tradiction avec elle-même si, en ordonnant d'une part que le testament olographe fût daté,
« elle voulait de l'autre qu'il ne fît foi de sa date que du jour où, comme les autres actes
« sous seing privé, il aurait acquis date certaine par la mort du testateur ou par l'enregistre-
« ment. *Autant vaudrait-il dispenser le testament olographe de la formalité de la date.*»

leneuve a été prononcée par jugement du 30 août 1853, qu'il est dé-
cédé le 28 juillet 1854 et que ce n'est que le 10 août suivant que
Leclanché a produit le testament des 8 février 1852 et 5 mars 1853
et en a effectué le dépôt entre les mains du président du tribunal;

Attendu, en conséquence, que Leclanché, dépositaire du testament,
ne peut être admis à en réclamer le bénéfice qu'autant qu'il sera démontré pour le tribunal qu'il est antérieur au jugement d'interdiction
rendu contre son auteur;

Attendu que, sur les faits articulés par Lemoine Devilleneuve, de-
mandeur en nullité, une enquête a été ordonnée par jugement du tribunal de la Seine du 19 juillet 1855;

Attendu qu'il résulte tant de ladite enquête et de la contre-enquête
auxquelles il a été procédé les 5 et 9 janvier 1853 que *dans* (sic) les documents fournis dans la cause, *qu'à la date du 17 mai* 1853, posté-
rieurement aux dates du testament attaqué, Narcisse Devilleneuve,
ramené à son domicile, à Neuilly, après une absence d'une vingtaine
de jours, pendant lesquels il avait été arrêté et détenu par ordre du
préfet de police, a, au moment où on procédait à la levée des scellés
apposés chez lui, sur la réquisition de Leclanché, *fait le dépôt* (1), en
présence de ce dernier et de plusieurs témoins, d'un testament olo-

---

(1) 15 MAI. — « Les médecins ont trouvé M. Narcisse frappé d'une congestion céré-
« brale, les membres supérieurs contractés, la bouche torse, et tournant sur lui-même
« comme fait le mouton dans certaine maladie. » (*Lettre de M. Dalican*, datée et timbrée
du 16 mai.)

« M. Devilleneuve est sorti de la maison de santé le 16 MAI sur la demande de sa famille,
« mais sans être guéri; son état maladif s'est même aggravé et doit être considéré comme
« incurable. » (*Certificat du docteur Rota*.)

17 MAI. — « Lorsque j'entrai dans la première pièce, M. Narcisse était présent. Je lui
« montrai les scellés, il les regarda et y porta la main d'un *air hébété*, ne pouvant me don-
« ner aucune explication sur d'autres bandes qu'il avait arrachées la veille. »

« M. *Leclanché* et M. Devilleneuve aîné *restèrent dans la première pièce*. J'entrai dans
« la chambre à coucher avec le greffier M. Blanché notaire et M. Persac. *Je cherchai et*
« *trouvai* de suite le testament enveloppé, et quelques valeurs...

« Je présentai le paquet contenant le testament à M. Narcisse, *il y jeta, les yeux fit un*
« *signe de tête* qui indiquait que c'était bien son testament. Je l'invitai à recacheter ce
« testament pour qu'il fût déposé entre les mains de M. Blanché notaire. (*Déposition de*
M. *Ancelle*.)

« Mon rôle se borna à recevoir le testament qui me fut remis et à EXIGER une mention
« *qui fût écrite de ma main* et signée par M. Devilleneuve sur l'enveloppe, laquelle cons-
« tate qu'elle est scellée par deux pains à cacheter, le cachet à la cire ayant été brisé. Je
« remarquai que M. *Narcisse* ÉTAIT PASSIF ET FAISAIT SANS OBSERVATION CE QU'ON
« LUI DISAIT. » (*Déposition de M. Blanché, notaire*.)

graphe, à la tate du 27 mars 1849, entre les mains de Blanché, notaire à Neuilly, qu'*après en avoir pris connaissance et en avoir reconnu l'identité, il a signé de sa main, sur l'enveloppe, une mention écrite par le notaire,* ayant pour but de constater que ledit testament avait été ouvert, et qu'au moment de cette opération il a fait fermer la porte *pour que son frère n'entendît pas la lecture du testament dont s'agit,* craignant qu'il ne fût pas content des dispositions qu'il contenait, *parce qu'elles ne lui laissaient que la moitié des biens légués en usufruit* (1).

Que, quelque temps après, *il conduisit son frère chez le notaire dépositaire et chez Ancelle, maire de Neuilly et suppléant du juge de paix, dans le but de lui communiquer ce même testament* (2).

Attendu que le 19 juillet 1853, Narcisse Devilleneuve, dans son interrogatoire, a déclaré qu'il avait déposé chez un notaire de Neuilly, SUR LE NOM DUQUEL IL S'EST MÉPRIS, son testament par lequel il léguait à Devilleneuve aîné, son frère, la moitié en usufruit de sa fortune et le surplus à ses petits-neveux, les mineurs Leclanché (3).

(1) « M. Narcisse ne nous donna point lecture de son testament et je m'abstins de la « lui demander. » (*Déposition Ancelle.*)

(2) M. Blanché, notaire, dépose : « ·
« M. Devilleneuve aîné et son frère se sont présentés chez moi.
« M. Devilleneuve aîné me demanda communication du testament déposé...
« ... Je craignais que ce testament une fois sorti de mes mains n'y rentrât plus.
« *M. Narcisse me paraissait agir sous la pression de son frère,* ET N'AVOIR POINT SON
« « LIBRE ARBITRE. »

M. Ancelle dépose :
« Je demandai à M. Narcisse, si lui, M. Narcisse, désirait pour lui-même qu'il lui fût
« donné connaissance de son testament; il répondit qu'il n'en avait nullement besoin, et
« QUE C'ÉTAIT SON FRÈRE SEUL QUI DÉSIRAIT LE VOIR. »

(3) « Ce témoignage est sans valeur puisqu'il se borne à reproduire le témoignage de l'interdit lui-même, privé d'intelligence et de mémoire. » (*Extrait des conclusions* de M. le substitut SAPEY, conclusions *favorables* aux mineurs Leclanché, recueillies par Mᵉ PAILLET.)

Extrait de l'interrogatoire :
« D. Qui vous a soigné quand vous étiez dans cette maison?
« R. Je ne me souviens pas du nom des personnes qui étaient autour de moi. Je pense toujours que c'est mon frère qui m'a fait arrêter et qui m'a fait conduire dans cette maison, en donnant l'ordre *au cocher de la Courbevoisienne de* m'y conduire; ensuite il a voulu m'en faire sortir parce qu'il ne pouvait me faire passer pour aliéné, et *tout cela parce que j'ai fait un testament en faveur de ses petits enfants et cependant je lui réservais la moitié en usufruit.*

« D. Avez-vous déposé ce testament?
« R. Il est chez M. Delamarche, notaire à Neuilly. Je lui ai remis aussi D'AUTRES FACTURES SUR L'ÉTAT, et je crois aussi d'autres papiers. »

Dans ce même interrogatoire on lit :

Attendu que les deux déclarations de Narcisse Devilleneuve, signées par lui les 17 mai et 19 juillet 1853, sont une preuve qu'à l'époque où elles ont été faites, le testament qui porte la date du 8 février 1852 et 5 mars 1853, n'existait pas encore; que, quelle que fût sa faiblesse d'esprit, ses déclarations n'en ont pas moins un caractère de spontanéité et de lucidité incontestable; *qu'il est impossible de s'expliquer* comment le testateur, dans deux circonstances solennelles, aurait ainsi énoncé l'existence d'un testament qu'il avait détruit en partie par un testament et un codicille postérieurs et qu'il eût gardé le silence sur ces deux actes (1).

Attendu qu'*on ne conçoit pas davantage* le silence profond gardé par Leclanché sur l'existence du testament attaqué au moment où a été effectué, en sa présence (2), le dépôt du testament du 27 mars 1849, ses inquiétudes (3) avant le dépôt sur la conservation de cet acte et la satisfaction qu'il a témoignée ensuite.

« D. Avant de vous faire entrer dans la maison de santé, ne vous avait-on pas conduit d'abord à la préfecture de police?

« R. Non, monsieur; quand on m'a déposé dans cette maison, j'ai cru que c'était un relai pour aller à Neuilly. Bien franchement je voulais aller à *Courbevoie* trouver un de mes débiteurs. J'*étais* dans une voiture de nourrices, et c'est cette voiture-là qui m'a conduit dans la maison de santé. J'avais pris la voiture au bureau, mais je ne me rappelle plus où est situé ce bureau. »

Extrait du jugement d'interdiction.

« Attendu, que de l'avis unanime du conseil de famille, de l'*interrogatoire* de Lemoine Devilleneuve, notamment de ses réponses, qui constatent qu'il a *complétement perdu la mémoire de ses actions*, qu'il ne peut plus se conduire lui-même et qu'*il ne se rappelle pas les noms les plus usuels des valeurs qui entrent dans la composition de ses biens* résulte la preuve qu'il est dans un état habituel d'imbécillité et de démence : par ces motifs, déclare Lemoine Devilleneuve interdit. »

(1) Voir les notes précédentes et notamment l'*Interrogatoire*, pages 14 et 15.

Déposition Ancelle : « Il avait l'air hébété. »

Déposition Blanché : « Je remarquai qu'il était passif et faisait sans observation ce qu'on lui disait. »

Troplong, *Donat. et Testam.*, tom. III, p. 414, dit : « La loi n'a créé la forme olographe que pour donner aux citoyens les moyens de tenir leurs dernières volontés cachées. »

(2) « *M. Leclanché* et M. Devilleneuve aîné *restèrent dans la première pièce*. J'entrai dans la chambre à coucher avec le greffier, M. Blanché, notaire, et M. Persac. »
(*Déposition Ancelle.*)

« Nous étions dans une pièce qui précède la salle à manger. MM. *Leclanché* et Devilleneuve aîné *y restèrent* et nous pénétrâmes dans la chambre à coucher. »
(*Déposition Persac.*)

(3) « M. Leclanché m'a répondu que l'existence de ce testament *l'intéressait peu* et il ajouta (je me rappelle ses propres paroles) : J'en ai un, en portant sa main sur sa poitrine. » *Déposition Potheau*, commis-greffier de la justice de paix.

Attendu qu'il est impossible de croire qu'avec l'intelligence dont il est pourvu, Leclanché n'eût pas senti la nécessité d'imprimer, par le dépôt chez un notaire, une date certaine à un testament qui révoquait un testament antérieur, quand tous deux émanaient d'une personne à la veille de son interdiction, et qu'il se fût contenté de faire déposer le testament annulé pour ne produire l'autre qu'après le décès de son auteur et s'exposer ainsi gratuitement à la poursuite dont il est l'objet; qu'il n'est point recevable à justifier son abstention par ce motif qu'un dépôt du dernier testament eût fait connaître son existence à Deville-neuve aîné, qui, pour en obtenir la révocation, eût pu troubler par ses obsessions la tranquillité du testateur (1); qu'en admettant que cette crainte eût pu le faire user de dissimulation le 17 mai 1853, rien ne lui était plus facile que d'effectuer plus tard le dépôt, en secret, chez un notaire étranger à la localité, et qu'au surplus une considération de cette nature perdait toute sa puissance à la veille de l'interdiction qui, en privant le testateur de ses droits civils, le mettait dans l'impossibilité de révoquer un acte consommé (2); qu'une pareille manière d'agir, con-tinuée à l'égard du subrogé-tuteur des mineurs Leclanché, même après la mort de Narcisse Devilleneuve constitue pour (*sic*) elle-même une grave présomption de fraude que ne pouvaient infirmer les témoignages contraires produits par Leclanché; que de ces témoignages, le plus sé-rieux, celui de Léon Tripier, manque cependant de la précision néces-saire pour ne laisser aucune incertitude sur l'époque où le testament attaqué a été remis entre ses mains, et ne suffit pas pour prévaloir contre les indices de fraude qui ont été énumérés (3).

---

(1) M. Blanché, notaire, dépose : « *M. Narcisse me paraissait agir sous la pression de son frère et n'avoir point son libre arbitre.* »

(2) « M. Leclanché pouvait craindre que le testament ne fût pas aussi bien ailleurs que dans ses propres mains. » (Extrait des conclusions de M. le substitut SAPEY. *Notes prises à l'audience* par Mᵉ PAILLET.)

(3) Déposition de M. Léon Tripier, ancien garde des archives et du domaine privé :
« EN 1853, je ne puis préciser le jour, mais AVANT LE TERME D'AVRIL, M. Leclanché me pria de recevoir en dépôt un testament de M. Narcisse Devilleneuve. J'acceptai. Je le mis sous enveloppe, que je cachetai, et j'y inscrivis au crayon une petite note abrégée qui indi-quait, dans mon intention, d'une part, la date du testament; d'autre part, que le contenu appartenait à M. Leclanché.

« L'ANNÉE SUIVANTE, M. Leclanché m'écrivit à Saint-Germain, pendant que j'étais à Honfleur, pour me prier de lui remettre le dépôt qu'il m'avait fait.

« Je suis revenu à Paris, et j'ai remis cette pièce à M. Leclanché. J'AI LU LE TESTA-MENT; la disposition principale était en faveur des enfants de M. Leclanché; — il y avait

...Sur le moyen de nullité résultant de la suggestion de captation,

Attendu qu'il est établi, tant par l'enquête que par la correspondance (1), que Leclanché qui était animé de sentiments de haine contre Lemoine Devilleneuve, son beau-père, s'est efforcé, par l'influence qu'il exerçait sur Narcisse Devilleneuve, de susciter dans son esprit des sentiments d'irritation contre son frère aîné (2).

Que cédant à cette influence, Devilleneuve a attribué à son frère l'arrestation suivie de détention qu'il avait subie, et la poursuite en interdiction dirigée contre lui (3).

---

aussi une disposition d'usufruit en faveur de M. Devilleneuve aîné. Je crois qu'elle portait sur des *actions de journal de jurisprudence;* mais mes souvenirs sur ce point ne sont pas certains ; je n'ai lu que superficiellement.

Il y avait un testament et un CODICILLE, sur la même feuille je crois; mais mes souvenirs ne sont pas certains que le codicille contenait ou la disposition relative à M. Devilleneuve aîné, ou une disposition pour le cas où l'un des enfants survivrait à l'autre. »

Déposition de M. Chatard, propriétaire :

« Lorsque (MAI 1853) M. Narcisse Devilleneuve fut mis, par ordre de M. le préfet de police, dans une maison de santé, je témoignai à M. Leclanché tout l'intérêt que je portais à M. Devilleneuve, et je fus même avec lui visiter le malade. — J'exprimai aussi à M. Leclanché l'intérêt que je portais à ses enfants, pour qui je désirais que M. Leclanché fût rassuré quant aux dispositions de M. Narcisse Devilleneuve.

M. Leclanché me dit qu'il était tranquille, que M. Narcisse lui avait remis un testament qui était tout à fait favorable à ses enfants, et qu'IL EN AVAIT FAIT LE DÉPÔT ENTRE LES MAINS DE M. TRIPIER. Je crois que c'est M. Léon : c'est du moins celui qui a fait bâtir une maison place Vintimille. — *M. Leclanché me dit que ce testament était d'une* DATE RÉCENTE. »

(1) Aucune lettre n'a été produite, et pas un mot dans l'enquête.

(2) Interrogatoire :

D. Croyez-vous, en raison de cela (*la poursuite en interdiction*), avoir à vous plaindre d'eux (les membres du conseil de famille, dont faisait partie Devilleneuve aîné) ?

Réponse : Non, Monsieur, je ne leur en veux pas.

(3) Déposition de M. Persac :

La domestique nous exprima l'opinion qu'il (M. Narcisse) resterait dans la maison de santé, parce que M. Devilleneuve aîné ne s'occupait pas de l'en tirer, et qu'il le ferait bien sortir s'il le voulait. Je pris cela pour un bruit de quartier, et *M. Leclanché ne me fut pas désigné comme ayant tenu ce discours.* J'AI PU LE PENSER, MAIS C'ÉTAIT DE MOI-MÊME.

— Extrait d'une note de la main de M. Narcisse pour son interrogatoire :

« Je suis vraiment obligé de dire que je suis bien étonné de voir un cousin (M. Persac), que je ne vois pas tous les dix ans, *venir vouloir me faire interdire !* Il s'imagine donc qu'il n'y a plus de justice en ce monde ! Et quel avantage y aura-t-il à une pareille incartade de sa part ? »

Qu'*en admettant que le testament attaqué eût été antérieur au 17 mai*
1853, époque à laquelle s'est effectué le dépôt du testament du 27 mars
1849, *il faudrait en conclure* que Leclanché, *de concert avec Narcisse*
Devilleneuve (1), aurait, en provoquant le dépôt inutile d'un acte
annullé par un acte postérieur, *joué une sorte de comédie* dans le but
de tromper Devilleneuve aîné, et qu'en excitant Devilleneuve à persé-
vérer plus tard dans son rôle, notamment au jour de son interrogatoire,
auquel il assistait (2), il aurait exercé sur lui une véritable captation.

Attendu que malgré la volonté, formellement exprimée par Narcisse
Devilleneuve, de continuer à vivre dans sa maison de Neuilly et d'y
mourir, et contrairement aux prescriptions du conseil de famille qui,
en nommant Leclanché tuteur de l'interdit, avait décidé qu'il ne pourrait
l'enlever à son domicile sans son autorisation expresse et préalable,
ledit Leclanché, dès le mois de mai 1854, sans consulter le conseil de
famille (3) ni même le subrogé-tuteur (4) et sans prendre l'avis des

(1) 15 mai. — Nouvelle congestion cérébrale. (Certificat Rota.)

17 mai. — Avait l'air hébété. (Déposition Ancelle.) :

Était passif et faisait sans observation ce qu'on lui disait. (Déposition Blanché.)

M. *Leclanché* et M. Devilleneuve aîné *restèrent* dans la première pièce. (Déposition Ancelle.)

(2) LECLANCHÉ ASSISTANT A L'INTERROGATOIRE !!!

(3) Extrait du procès-verbal du conseil de famille du 6 juin 1854 :

« Le conseil est d'avis, à l'unanimité des voix, la nôtre comprise, d'APPROUVER ; comme en effet il approuve, la translation momentanée de M. Devilleneuve à l'Isle-Adam. »

Déposition de M. Dalicau, mandataire de M. Persac :

« Oui, M. Leclanché m'a prévenu avant la translation ; il m'a dit que la réunion du conseil de famille était retardée par la difficulté d'indiquer un jour. *Dans le conseil de famille où j'assistais comme mandataire de M. Persac, on pensa que les travaux étaient utiles et que M. Leclanché avait bien fait de transférer M. Narcisse.* »

(4) Lettre de M. Persac à M. Leclanché :

« Nous avons bien reçu votre amicale du 4 courant (juin 1854)... Nous vous remercions de tout le mal que vous vous donnez pour nous tenir si bien au courant ; nous nous empressons donc, Monsieur, de vous dire que *nous trouvons bien* tout ce que vous avez fait, pour tirer si bon parti des choses, que NOTRE COUSIN S'EN TROUVERA BIEN et ses intérêts aussi. Veuillez continuer, puisque vous êtes en bon chemin. »

Autre lettre de Persac à M. Leclanché :

... « Je reçois votre amicale qui me donne de vos nouvelles et de mon cousin Narcisse... Tout cela vous donne bien des tracas avec un *emménagement à l'Isle-Adam*... Nous vous remercions également de votre bonne invitation pour aller vous voir. »

— 49 —

médecins(1), a fait transférer Narcisse Devilleneuve dans sa propre
maison, près de l'Isle-Adam, à 40 kilomètres de Paris; que cette
translation, subitement opérée, a eu pour motif l'existence de travaux
commencés dans la maison de Narcisse Devilleneuve, mais que
Leclanché les a ordonnés avec un empressement extraordinaire(2) sans
avoir égard aux prescriptions du conseil de famille qui, par sa délibération du 10 décembre 1853, avait décidé qu'ils ne pourraient être
entrepris qu'après un devis préalable soumis à l'agrément du subrogé-
tuteur, lequel n'a pas même été consulté(3).

Attendu qu'un mois après l'arrivée de Narcisse Devilleneuve à l'Isle-
Adam, Leclanché a congédié Eulalie Gresset qui donnait des soins à ce
vieillard depuis vingt-cinq ans, et l'a remplacé par deux domestiques
nouveaux et inconnus au malade(4).

(1) Déposition de Madame Putel, femme de M. Putel, médecin :
« D. L'un de vos fils n'est-il pas parti avec M. Narcisse Devilleneuve pour l'Isle-
Adam?
« R. Oui, Monsieur; on m'en avait prévenue quelques jours d'avance. Il y est resté
environ trois semaines. J'ai été l'y reprendre moi-même. »

(2) 10 décembre 1853 :
« En ce qui touche la maison de Neuilly, le conseil reconnaît DÈS A PRÉSENT qu'il
est nécessaire d'y faire des réparations au moyen desquelles un EXCÉDANT DE REVENUS
POURRA ÊTRE OBTENU. »
Les travaux se commencent six mois plus tard, à la fin de mai 1854!

(3) Lettre de M. Persac :
                                                            « Fécamp, 24 mars 1854.
« Vous m'entretenez aussi du projet que vous avez de faire des boutiques à la maison
de Neuilly. Il faut espérer, comme vous le dites, que vous retrouverez et au delà la perte
que vous avez éprouvée sur la maison de Courbevoie (mauvaise créance hypothécaire). »
Conseil de famille du 8 juin 1854 :
« Considérant que, d'après les documents présentés par le tuteur, les travaux commencés et
ceux projetés s'élevaient, d'après l'état présenté par l'architecte au maximum, à la somme
de 24,500 francs; que cet état paraît exact au conseil de famille; que, d'un autre côté, il
lui est démontré que l'accroissement annuel de revenus à provenir de ces travaux ne peut
rester au-dessous de 5,000 francs; que dès lors l'emploi du capital à provenir desdites
rentes est avantageux à M. Devilleneuve; que le conseil interdit, et qu'il est utile, en attendant le recouvrement de la créance hypothécaire, de mettre à la disposition du tuteur un capital nécessaire pour payer journellement les dépenses qu'occasionneront les travaux, est d'avis, à
l'unanimité des voix, la nôtre comprise, d'autoriser, comme en effet il autorise le tuteur :
1° à exécuter les travaux dont il lui a soumis le projet, 2° et à vendre, etc. »

(4) Déposition de M. le docteur Putel :
« Quand le conseil de famille était réuni (le 6 juin 1854), M. Leclanché dit qu'il avait le
projet de renvoyer la domestique Eulalie qui administrait mal. — M. Devilleneuve aîné
s'était également plaint de l'administration de cette fille, lors de la réunion du premier
conseil (10 décembre 1853). »

7

Que Leclanché motive ce changement sur une raison d'économie (1).

Mais qu'il est impossible, en considérant la précipitation (2) avec laquelle il a transféré Narcisse Devilleneuve dans un pays éloigné de Neuilly (3), et en le séparant de celle qui lui avait donné des soins depuis si longtemps et qui possédait toute sa confiance, pour le remettre à des mains étrangères, de ne pas demeurer convaincu qu'il agit dans le but unique d'isoler (4) Narcisse Devilleneuve de son frère et de toutes les

(1) « En ce qui touche la dépense annuelle de M. Devilleneuve et de sa maison, le conseil, après avoir délibéré, est d'avis, à l'unanimité des voix, de la fixer à la somme de *cinq mille francs* que le tuteur devra employer *à tous les besoins de l'interdit.* » (Conseil de famille du 10 décembre 1853.)

Sous l'administration provisoire de M. Ancelle, la dépense *pour la table seule* faite par Eulalie, s'est élevée en 4 mois et 9 jours à 1,651 fr., c'est-à-dire à 387 fr. par mois, soit 4,664 fr. par an. Il ne restait donc que 336 fr., somme insuffisante même pour payer les gages d'Eulalie (400 fr.), et *rien pour tous les besoins de l'interdit et de sa maison.*

Sous la tutelle, cette même dépense faite par Eulalie s'est élevée en 5 mois et 6 jours à 2,009 francs, c'est-à-dire à 367 francs par mois, soit 4,404 fr. par an. Les gages d'Eulalie (400 fr.) et la table payés, il restait donc 196 francs pour *pour tous les besoins de l'interdit et de sa maison,*

(2) Déposition d'Eulalie :

« Nous partîmes le 18 mai 1854, je fus congédiée le 18 juin suivant. »

M. Leclanché était tuteur depuis le 10 décembre 1853.

(3) Six départs par jour de Paris pour l'Isle-Adam. Chemin de fer du Nord. Trajet en 61 minutes (*Guide Chaix*).

(4) Lettre de M. Persac à M. Leclanché :

« 8 juillet 1854.

« Nous vous remercions également de votre bonne invitation pour aller vous voir... Nous remettons le voyage pour le moment de la grande fête. Là, nous irons vous voir et nous pouvons vous assurer que nous passerons quelques jours en famille. »

Déposition de madame Putel :

« Il (son fils) y (à l'Isle-Adam) est resté environ trois semaines. J'ai été l'y reprendre moi-même. »

Lettre écrite par M. Narcisse Devilleneuve au nom de son petit-neveu Eugène et adressée à M. Leclanché, rue Notre-Dame *des Lorettes*, près des Champs-Élysées :

« Mon cher papa,

« Je voudrais avoir de tes nouvelles, parce que tu m'avais promis de revenir et que tu ne reviens pas. Je désire avoir de tes nouvelles pour savoir quand tu reviendras. Mon oncle m'a dit qu'il serait bien aise d'avoir de tes nouvelles, et ainsi nous sommes, de part et d'autre, bien contents d'en avoir.

« Ton fils toujours très-dévoué et très-aimant,

« Signature ébauchée par l'enfant : Eugène Leclanché.

Parmin, près l'Isle-Adam, ce vendredi 24 juin 1854.

(Timbrée du 29 juin.)

« *Abandonné* à des domestiques qu'il ne connaissait pas, *M. Devilleneuve est mort,* « *pendant que M. Leclanché voyageait en Allemagne...* »

(Dernières lignes d'un factum de M. Devilleneuve aîné.)

personnes qui pourraient partager avec lui une influence qu'il voulait se réserver tout entière.

Attendu que tous ces faits sont de nature à caractériser la suggestion et la captation, et que le testament des 8 février 1852 et 5 mars 1853 n'étant pas le produit de la volonté saine et libre du testateur ne peut encore, sous ce rapport, être maintenu devant la justice.

Par ces motifs : déclare nul et de nul effet ledit testament, ordonne que le testament du 27 mars 1849 recevra sa pleine et entière exécution, annule en conséquence l'ordonnance d'envoi en possession du 12 août 1854, obtenue par Leclanché, dit et déclare que Devilleneuve aîné est envoyé en possession du legs d'usufruit qui lui a été fait par son frère dans son dit testament du 27 mars 1849, à compter du jour de la demande du 19 août 1854, et que le présent jugement lui vaudra délivrance dudit legs.

Condamne Leclanché ès-noms qu'il agit en tous les dépens.

TABLE

PARIS — IMPRIMERIE DE J. CLAYE, RUE SAINT-BENOIT, 7.